DROIT COMMERCIAL

MANUEL

DE

L'ASSURANCE

CONTRE L'INCENDIE

PRIME FIXE

PAR

R. LAMIRAULT

AVOCAT

PARIS

BUREAUX DE LA *SEMAINE*

97, RUE RICHELIEU, 97

Passage des Princes.

—

1877

DROIT COMMERCIAL

IMPRIMERIE D. BARDIN, A SAINT-GERMAIN.

DROIT COMMERCIAL

MANUEL

DE

L'ASSURANCE

CONTRE L'INCENDIE

PRIME FIXE

PAR

R. LAMIRAULT

AVOCAT

PARIS

BUREAUX DE LA SEMAINE

97, RUE RICHELIEU, 97

Passage des Princes.

—

1877

DROIT COMMERCIAL

FRANCE

MIRAULT

PARIS

DROIT COMMERCIAL

DES ASSURANCES TERRESTRES CONTRE L'INCENDIE

PRÉLIMINAIRES.

L'assurance est passée dans nos mœurs. On ne discute plus ses avantages. La rapidité avec laquelle elle s'est propagée est la meilleure preuve des bienfaits qu'elle répand. Il est impossible, en effet, de trouver une combinaison financière qui produise de plus féconds résultats, qui soit à la fois la sauvegarde de la fortune publique et un puissant instrument de crédit.

L'assurance protége les intérêts privés contre les principaux agents de destruction. Elle garantit aux fortunes individuelles la réparation des pertes auxquelles elles sont exposées, et devient ainsi la sauvegarde de la fortune publique, car celle-ci n'est que l'ensemble des intérêts privés et des fortunes individuelles.

Comme instrument de crédit, l'assurance a l'avantage incontestable de consolider la propriété sur laquelle repose le principe même du crédit. Ne permet-elle pas au débiteur d'offrir à son créancier une garantie aussi précieuse que l'hypothèque! Les bénéfices de ce droit réel seraient considérablement amoindris par la destruction des immeubles. Mais, au moyen de l'assurance, un débiteur peut toujours donner, comme garantie complémentaire, la délégation de l'indemnité représentative des biens qu'un accident ferait disparaître.

Le domaine de l'assurance est des plus vastes. Il comprend tous les objets qui sont exposés à des dommages et toutes les causes de pertes. Nous n'avons pas la prétention d'étudier les nombreuses modalités que comporte une matière si importante. Notre tâche est limitée aux *assurances terrestres contre l'incendie*, dites *à prime fixe*.

L'application de l'assurance terrestre contre l'incendie ne remonte réellement, en France, qu'aux premières années de la Restauration. Mais l'idée est déjà ancienne. Dès 1754, une société essayait de s'organiser, à Paris, pour garantir les maisons contre les dangers du

feu. Le projet reçut même un commencement
d'exécution. Les statuts de là Compagnie furent
enregistrés au Châtelet.

Cette tentative n'eut pas de succès. Il devait
en être ainsi. La propriété immobilière étant
concentrée dans les mains des classes privi-
légiées, la matière assurable se trouvait au
pouvoir de familles et de communautés fort
riches qui n'avaient pas à craindre de perdre
toute leur fortune dans un incendie. Et d'ailleurs les préoccupations politiques qui absor-
bèrent la seconde moitié du xviii° siècle devaient retarder une conception purement
économique, mais non la détruire.

Avec le droit nouveau sont venus la diffu-
sion de la propriété et le fractionnement des
fortunes privées. De là aussi surgirent l'utilité
réelle de l'assurance et les lois de son indispensable développement. En 1816, un ancien
magistrat de Toulouse, M. Barrau, publiait
un gros volume sur l'utilité de l'assurance
contre les fléaux : incendie, grêle, inonda-
tion, etc. C'est peut-être à cette œuvre, aujourd'hui oubliée, qu'on a dû, quatre ans plus
tard, la fondation de trois des principales
compagnies d'assurances contre l'incendie
(*Générale, Phénix* et *Nationale*). Les créations

successives d'où sortirent des compagnies de premier ordre, telles que *l'Union, le Soleil, la France, l'Urbaine, la Providence*, démontrent bien que l'idée était féconde ; et l'exemple de l'Angleterre était là. Aujourd'hui, après un demi-siècle de labeur, l'assurance terrestre a pris une telle importance qu'il y a un intérêt indéniable à en vulgariser les caractères.

Le but principal de l'assurance terrestre est, ainsi que l'indique son titre, d'indemniser les personnes qui se font garantir des dommages causés par l'incendie. Il n'y a pas à distinguer si le feu a été occasionné par des faits ordinaires de la vie ou par certains agents physiques et industriels, tels que la foudre, le gaz, la vapeur. L'assurance s'applique avec la même force à l'un et à l'autre cas, puisque, dans l'un comme dans l'autre, l'incendie s'est produit.

Mais il arrive fréquemment que la foudre, le gaz et la vapeur se manifestent, en tant qu'éléments de destruction, sans allumer l'incendie. Ainsi : des objets garantis contre les dangers du feu sont renversés et brisés par le tonnerre. En principe, l'assurance terrestre ne couvre pas les pertes résultant de ce sinistre, l'incendie y étant étranger. Il en serait de même des dommages causés par une explosion de gaz ou de vapeur. Or, en pratique, il eût été difficile de faire admettre que les obligations de l'assureur contre l'incendie sont exclusives de ces causes accidentelles dont les effets se produisent sur les mêmes choses ; et on lui aurait reproché, avec quelque raison, de n'offrir qu'une garantie incomplète.

Afin d'écarter cette critique, l'assureur a institué des garanties qu'on doit appeler *secondaires*, car elles ne peuvent être stipulées qu'en complément d'une assurance contre l'incendie. Elles visent spécialement les dommages provenant de l'explosion : 1° de la foudre ; 2° du gaz d'éclairage extrait de la houille ; 3° des appareils à vapeur. Elles comportent tout naturellement des conditions qui leur sont propres quant à l'étendue et au prix. Mais pour la validité de la convention et les conséquences du sinistre, les garanties secondaires doivent être considérées comme liées à l'assurance contre l'incendie, puisqu'elles n'en sont qu'un accessoire. (*Accessorium principale sequitur.*)

Au fond, l'assurance terrestre a été dirigée contre le feu. Elle s'attaque aux *risques* d'incendie ; d'où, par extension, le mot « *risque* » s'applique usuellement aux objets qui sont exposés aux dangers du feu.

Pour l'assureur, les immeubles et les meubles ne sont que des *risques*; et cela se conçoit, car la garantie n'envisage les choses que sous un rapport unique : l'éventualité de destruction à laquelle elles sont soumises.

C'est en appréciant cette éventualité d'après la situation, le genre de construction et la destination commerciale ou industrielle des risques, que le prix de la garantie, c'est-à-dire la *prime*, est fixé par l'assureur. Il a établi, sur les données de la statistique, des tableaux synoptiques où se trouvent détaillés les *risques* qu'il peut accepter et les *primes* qui s'y imposent. Ce sont les *tarifs*.

Les primes portées aux tarifs sont destinées à servir de base aux conditions de l'assurance. Néanmoins le payement n'en est obligatoire que dans la mesure prévue par le contrat intervenu entre les parties, et qui porte le nom de *police*. L'assureur et l'assuré ayant pu débattre contradictoirement leurs intérêts, aucun d'eux n'est fondé à se plaindre de la lésion résultant d'une application de prime contraire aux tarifs, à moins qu'il n'y ait eu dol ou erreur manifeste. A cet égard, il faut s'en remettre exclusivement aux stipulations de la convention et aux règles générales des obligations.

Les modifications de la police, que des circonstances peuvent rendre nécessaires, doivent faire l'objet d'un acte additionnel qui s'appelle *avenant*.

Il y a déjà longtemps que les principes propres à l'assurance terrestre contre l'incendie ont été posés. Grün et Joliat, Boudousquié et autres les ont mis en relief dès l'époque où les opérations des compagnies françaises commençaient à se développer.

Mais ces auteurs, dont les travaux conservent une légitime autorité, ont dû se borner à examiner la question au point de vue théorique. Telle est, en effet, la mission ordinaire des ouvriers du premier jour. Ainsi que des ingénieurs préparant la conquête d'un sol peu connu, leur tâche n'embrasse que des plans scientifiques, et elle est incontestablement la plus utile. Il ne reste guère aux pionniers qu'à tenir compte des accidents du terrain.

Or, l'expérience ayant accompli ce travail ingrat d'exploration, le moment est venu d'en donner les résultats, c'est-à-dire de tourner tout spécialement l'attention vers les côtés pratiques de l'assurance terrestre contre l'incendie; les principes fondamentaux ne seront pas pour cela perdus de vue; il semble même qu'il y aura quelque intérêt à les rapprocher les uns des autres.

Dans cet ordre d'idées, les divisions de notre étude se tracent d'elles-mêmes. Les *conditions générales* de la *police* y tiendront une très-grande place. Elles y ont d'autant plus de droits que, de par l'usage, elles sont devenues un véritable code de l'assurance terrestre à prime fixe contre l'incendie.

THÉORIE DU CONTRAT D'ASSURANCE.

Le contrat d'assurance contre l'incendie est une convention par laquelle l'une des parties, — l'assureur, — s'engage à servir l'indemnité des dommages matériels occasionnés par le feu à des objets spécifiés ; et l'autre partie, — l'assuré, — à payer, pour prix de cette garantie, une prime, calculée à raison tant des dangers d'incendie auxquels les mêmes objets sont exposés que de leur valeur.

Par sa nature même, ce contrat est consensuel, synallagmatique, aléatoire et à titre onéreux.

Il est consensuel, car, en principe, il est parfait par le seul consentement des parties, sans aucune condition de solennité. Lorsque la loi a voulu subordonner la formation d'une convention à la rédaction d'un écrit, elle s'en est expliquée formellement. Ce n'est pas le cas du contrat dont il s'agit. L'art. 332 du C. de C. (1) se contente de dire que « le contrat d'assurance est rédigé par écrit. » Mais l'inobservation de cette disposition n'est pas prévue : ce qui démontre que c'est une simple considération d'ordre. Le Code n'édicte aucune sanction pour contraindre les contractants à cette rédaction ; ce qui prouve qu'elle n'est pas obligatoire. Si la loi avait voulu créer une règle de solennité, elle aurait dit : « le contrat d'assurance sera rédigé par écrit, *à peine de nullité.* »

Ainsi, la police d'assurance est dressée moins pour former la convention que pour constituer une preuve plus sûre que les témoignages, présomptions, serment ou aveu des parties. La Cour de cassation a justifié cette solution en décidant que la police ayant été signée seulement par l'assureur, le contrat est parfait si, d'ailleurs, les parties sont d'accord sur les conditions.

Il est synallagmatique (art. 1102 C. C.) (2), car chacune des parties s'oblige envers l'autre : l'assuré, à payer la prime convenue ; l'assureur, à se charger des pertes éventuellement prévues. Il ressort de là que la police en forme

(1) C. de C. — *Code de commerce.*
(2) C. C. — *Code civil.*

d'acte sous seing privé doit être établie en autant d'originaux qu'il y a de parties ayant un intérêt distinct, et que chaque original doit porter la mention expresse de l'accomplissement de cette formalité (art. 1325 C. C.). En outre, de même que toute convention synallagmatique, l'assurance est réputée faite sous la condition que « si l'une des parties ne remplit « pas son obligation, l'autre pourra l'y con- « traindre par les voies de droit et obtenir la « résolution du contrat. »

Par exemple : si l'assuré ne paye pas la prime à l'assureur, celui-ci est fondé à en poursuivre le recouvrement et à demander la résiliation de la police.

Le contrat est aléatoire, car chaque contractant reçoit, comme équivalent de son obligation, des avantages incertains, subordonnés à des éventualités (art. 1964 C. C.).

On a prétendu établir, à cet égard, une distinction entre l'assureur et l'assuré. « Pour « celui-ci, a-t-on dit, sa position est fixée d'une « manière certaine dès la formation du con- « trat. Dans tous les cas, il perd la prime. « Qu'un sinistre arrive, l'assureur dédommage « l'intéressé, mais il ne lui rembourse évi- « demment pas la prime. Qu'il ne survienne

« aucun accident, l'assuré n'en a pas moins
« déboursé la prime. On ne peut, à aucun
« point de vue, trouver dans la convention
« qui le lie des avantages incertains. »

Rien de plus inexact ! Dire que l'assuré ne
réalise pas des avantages lorsque la police lui
conserve une fortune qui aurait été ou amoindrie ou même détruite, ce n'est qu'une subtilité. On ne peut nier qu'il bénéficie, par
l'effet du contrat d'assurance, de la fortune
qui eût disparu dans le sinistre. Il n'est pas
indispensable, du reste, de supposer le cas de
destruction. L'assurance permet de contracter,
à des conditions relativement faciles, des emprunts sur les objets garantis. L'assuré trouve
aisément l'argent dont il a besoin lorsqu'il
peut offrir, à titre de sûreté, le bénéfice d'une
police et déléguer à son créancier l'indemnité
éventuelle qui est à la charge de l'assureur.
N'est-ce pas encore un avantage ? Si les proportions en sont indéterminées, c'est précisément
cette incertitude qui constitue l'*aléa*. Par conséquent le contrat d'assurance est aléatoire,
aussi bien pour l'une des parties que pour
l'autre.

Enfin, il est à titre onéreux, car il assujettit
les intéressés à remplir des engagements pécu

niaires (art. 1106 C. C.) : « à donner ou à faire quelque chose. » L'assuré doit payer la prime, et l'assureur, le dédommager des pertes que les objets garantis pourront subir dans des circonstances prévues.

CONDITIONS DE LA VALIDITÉ DU CONTRAT.

De même que dans toutes les conventions, la validité du contrat d'assurance exige quatre conditions : 1° le consentement des parties ; 2° la capacité de contracter ; 3° un objet certain qui forme la matière de l'engagement ; 4° une cause licite de l'obligation.

I.

Du consentement.

Le consentement est l'accord qui intervient entre les volontés respectives des parties afin d'arrêter les engagements en vue desquels elles contractent. Pour former une convention inattaquable, le consentement doit, non-seulement exister, mais encore être exempt de vices, c'est-à-dire produit par une volonté consciente et libre.

L'*absence* du consentement est une cause de

nullité. Le *vice* du consentement est un motif d'*annulabilité*. Il importe de distinguer entre le contrat qui est *nul* et celui qui n'est qu'*annulable*. Le premier n'a aucune valeur en droit. Personne ne peut l'invoquer pour en faire jaillir un effet civil ; et, d'ailleurs, il n'est pas susceptible d'être ratifié. Le second, au contraire, a une existence, imparfaite sans doute, mais réelle. La loi lui reconnaît la force et les effets civils d'un contrat régulier, tant que les parties ne l'ont pas attaqué en justice. Elles peuvent toujours le ratifier.

Les faits qui vicient le consentement se divisent en trois catégories : 1° l'erreur ; 2° la violence ; 3° le dol (art. 1109 C. C.).

§ 1er. — L'erreur.

Il peut arriver que l'erreur, par son seul caractère, entraîne l'*absence* même du consentement, et, par suite, la *nullité* absolue du contrat : c'est lorsqu'elle porte sur l'*objet* de la convention. Ainsi : l'une des parties veut faire assurer la maison A, tandis que l'autre croit garantir l'immeuble B. Dans cette hypothèse, le concours des volontés manque. Le contrat est *nul*.

L'erreur peut encore porter sur la *substance* de l'objet, ou, en d'autres termes, le rapport principal sous lequel la chose a été considérée dans le contrat (art. 1110 C. C.). Celui-ci n'est alors qu'*annulable*.

Exemple : Dans la pratique, les risques ont été divisés en catégories d'après leur affectation, leur structure ou leur destination; et ils sont passibles de primes qui varient suivant la classification à laquelle ils appartiennent, c'est-à-dire, en résumé, suivant les dangers d'incendie auxquels ils sont exposés. Le rapport principal des risques est donc leur affectation, leur structure ou leur destination, puisqu'on en tire les causes déterminantes de la fixation de la prime.

Il en résulte que si l'assureur accepte la garantie de l'immeuble A, croyant qu'il est à usage d'habitation alors qu'il est affecté aux travaux d'une fabrique, le contrat est annulable. La même solution s'impose dans le cas où l'assureur s'est chargé des risques d'un bâtiment, ayant la conviction qu'il est construit et couvert en matières incombustibles, quoique en fait il soit en bois.

L'erreur peut également porter sur la personne. En droit commun, l'erreur sur la personne est une cause d'annulabilité du contrat, lorsque les attributs, la considération de la personne ont été les motifs déterminants de la convention. Cette situation se présente dans le contrat d'assurance.

D'une part, en effet, l'assuré veut trouver chez son garant des ressources pécuniaires suffisantes, la solvabilité, en un mot. D'autre part, l'assureur recherche dans la personne du client l'honorabilité sans laquelle il n'y a pas de bonne foi.

Si donc l'assuré venait à découvrir que son garant n'est pas solvable, l'annulation du contrat pourrait être demandée et obtenue judiciairement, sinon amiablement.

Il en serait de même dans le cas où l'honorabilité de l'assuré donnerait lieu à de graves reproches.

Au reste, la constatation de l'erreur peut soulever une foule de questions de fait, dont l'appréciation est du ressort des tribunaux.

§ 2. — La violence.

La violence est l'action menaçante d'une individualité sur une autre pour contraindre celle-ci à subir les volontés de la première.

Elle détruit la liberté de l'une des parties et vicie par conséquent le consentement qui, pour être parfait, doit être spontanément exprimé. Le contrat d'assurance souscrit sous l'empire de la violence est annulable pour vice du consentement.

Tout acte comminatoire n'est pas de nature à vicier le consentement. Aux termes de l'art. 1112 du C. C., la violence est suffisamment caractérisée lorsqu'elle est susceptible de faire impression sur un individu raisonnable, eu égard à son âge, à son sexe et à sa condition; lorsqu'elle est telle enfin qu'elle a pu lui inspirer la crainte d'exposer sa personne ou sa fortune à un mal considérable et présent.

La loi donne ici au mot « considérable » un sens relatif; et, par *mal présent*, elle entend spécifier la *crainte présente* de ce mal. Car celui qui prépare la violence doit nécessairement laisser à celui qu'il veut opprimer le temps de s'exécuter entre la menace et l'acte. Si le mal devait être présent, il n'y aurait presque jamais violence caractérisée au moment où le contrat serait réputé en forme.

L'assurance étant principalement motivée par la crainte du feu, la menace d'incendie est une « violence » dans le sens déterminé par l'esprit de la loi. La police qui aurait été réalisée sous une telle pression, à l'insu de l'assureur, serait annulable pour vice du consentement.

Il n'y a pas à examiner de qui émane la menace. Il suffit d'établir qu'elle a été faite. Ainsi, le garant qui pourrait prouver que l'assuré était sous le coup d'une menace d'incendie faite par un tiers, lors de la souscription du contrat, en obtiendrait l'annulation.

Au contraire, il importe de distinguer contre qui la machination s'est exercée. L'art. 1113 du C. C. dispose que « la violence est une « cause de nullité du contrat, non-seulement « lorsqu'elle a été exercée sur la partie con- « tractante, mais encore lorsqu'elle l'a été sur « son époux ou sur son épouse, sur ses des- « cendants ou sur ses ascendants. » La loi présume avec raison que l'on ne craint pas moins pour son époux et ses héritiers directs que pour soi-même. C'est une présomption légale. Comme telle, elle doit être appliquée limitativement. Par conséquent, la violence n'est pas un vice du consentement lorsqu'elle a été faite à des personnes autres que celles indiquées par l'art. 1113.

§ 3. — Le dol.

On appelle *dol* toute manœuvre frauduleuse qui a pour but de faire tomber quelqu'un dans l'*erreur*. Il faut se garder de croire qu'il n'y a aucun intérêt à différencier le *dol* de l'*erreur*. Celle-ci, considérée isolément, peut ne pas être suffisamment caractérisée pour motiver l'annulation du contrat. S'il y a dol, la convention est annulable, quel que soit le caractère de l'erreur.

Aux termes de l'article 1116 du C. C., « le « dol est une cause de nullité de la convention « lorsque les manœuvres pratiquées par l'une « des parties sont telles qu'il est évident que, « sans ces manœuvres, l'autre partie n'aurait « pas contracté. »

Sans s'arrêter à la distinction établie autrefois entre le dol *principal* et le dol *incident*, on peut induire des dispositions de la loi que deux circonstances sont nécessaires pour rendre le contrat annulable :

1° Que, sans le dol, la partie qui attaque la convention n'eût point contracté ;

2° Que les manœuvres frauduleuses aient été pratiquées par la personne avec laquelle on a contracté.

Supposons qu'un commerçant veuille faire garantir des marchandises, peu inflammables de leur nature, dans des magasins renfermant, en outre, des approvisionnements de poudre ou d'autres substances chimiques explosibles. Il sait que l'assureur, avec lequel il désire traiter, ne consentirait pas à se charger de risques si dangereux; et, après en avoir dissimulé la présence, il lui propose de couvrir les autres marchandises. Ses offres sont acceptées.

Dans ce cas, le dol existe. Sans manœuvres frauduleuses, l'assureur ne se serait pas obligé. Ces manœuvres ont été pratiquées par la partie intéressée. Les deux éléments du dol se présentent. Donc, l'assureur est fondé à faire annuler son contrat

Il peut, à plus forte raison, décliner la responsabilité du dommage en cas de sinistre. Et ceci nous amène à fixer les limites où s'arrête la garantie de l'assureur, lorsque l'incendie a été causé par un fait imputable à l'assuré.

L'assureur *maritime* n'a point à sa charge les pertes et dommages causés par « *le fait et faute* » des propriétaires (art. 351 et 352 C. de C.).

Faut-il, par analogie, étendre ces dispositions aux assurances terrestres contre l'incendie? — Nous ne le pensons pas. Il est constant que le feu est occasionné le plus souvent par un fait de l'assuré, soit négligence, soit imprudence; et le dommage resterait à sa charge dans la plupart des cas, en sorte que la garantie de l'assureur serait presque illusoire.

D'autre part, pousser la responsabilité du garant jusqu'au dol de l'assuré, ce serait aller trop loin. Il y a des fautes d'une gravité telle que, dans l'intérêt de la société, on ne peut les laisser commettre impunément.

Il faut adopter un système de conciliation et dire que notre contrat garantit l'assuré contre les suites des imprudences et négligences ordinaires, mais non contre les conséquences d'une *faute entourée de circonstances si graves qu'elle puisse être assimilée au dol.*

C'est ce qui ressort de l'esprit de notre législation, car, sans admettre l'analogie des art. 351 et 352 du C. de C., on sait que les conventions n'ont une force que si elles ne dérogent pas aux lois qui intéressent l'ordre public (art. 6 C. C.). Or, il porterait des atteintes sérieuses à l'ordre public, le contrat d'assurance qui aurait pour résultat de rendre in-

demnes les auteurs d'une faute lourde **préju-**
diciable à la sécurité de tous (1).

II.

De la capacité.

La capacité est l'état d'une personne qui a,
en vertu de la loi, le pouvoir de contracter.
Elle forme le droit commun; en ce sens que
tout individu est capable, à moins d'une disposition contraire de la loi. Les art. 1123 et
1124 du C. C. déclarent incapables : les mineurs, les interdits, les femmes mariées et
généralement tous ceux à qui la loi enlève le
droit de contracter dans des conditions déterminées. Quelle est la position particulière de
ces incapables, en matière d'assurance? C'est
ce qu'il s'agit d'examiner.

§ 1er. — Les mineurs.

Le mineur est ou n'est pas émancipé. Le
mineur non émancipé n'a pas qualité pour

(1) Telles sont aussi les conclusions d'un remarquable article de M. Franchelli. — *Journal des assurances*, année 1874,
page 477.

souscrire directement un contrat d'assurance, attendu que l'administration de ses biens appartient entièrement à son tuteur (art. 450 C. C.). Il ne faut pas en conclure que l'assureur qui contracte avec un mineur non émancipé est recevable à faire annuler la convention. La nullité résultant de l'incapacité n'est que relative; c'est-à-dire qu'établie exclusivement dans l'intérêt de l'incapable, elle ne lui est pas opposable. Il peut invoquer le contrat ou ne pas s'en prévaloir, le tenir pour bon ou le faire annuler.

A l'inverse, l'assureur n'est pas fondé à demander la rescision de son obligation. Il est en faute, car la loi lui fournit le moyen de connaître, par les actes de l'état civil, la condition de la personne envers laquelle il s'oblige. La notoriété publique suffirait presque à le renseigner. Or, la loi ne saurait couvrir l'imprévoyance; c'est pourquoi, dans l'espèce, elle ne protége pas l'assureur. Il doit, suivant les dispositions de l'assuré mineur non émancipé, exécuter les conventions ou subir leur annulation.

Admettons qu'un contrat ait été réalisé avec un incapable de cette catégorie. Un sinistre survient. Le mineur non émancipé tenant le contrat pour bon, l'assureur devra payer l'indemnité représentative des dommages. S'il n'arrivait pas d'incendie et que l'incapable, aidé de son tuteur, demandàt la rescision du contrat, l'assureur succomberait et pourrait même être contraint de restituer les primes qu'il aurait perçues. — *Minor restituitur tanquam læsus.* Rien ne prouve mieux le grand intérêt de l'assureur à s'enquérir de la capacité de la personne avec laquelle il se propose de contracter.

La situation change lorsque le mineur est émancipé. Sa capacité en matière d'assurance n'est pas douteuse. L'art. 481 du C. C. lui permet de faire, sans l'assistance de son curateur, tous les actes qui sont de pure administration. Il est clair qu'une convention qui protége efficacement la fortune du contractant doit être classée dans ces actes. La souscription d'un contrat d'assurance est, en effet, une mesure sage et prévoyante qui s'impose à toute bonne administration.

Il est inutile de parler du mineur *commerçant.* Sa capacité est incontestable, attendu que la faculté de faire le commerce n'est accordée qu'au mineur *émancipé* (art. 487 C. C. et 2 C. de C.).

§ 2. — Les interdits.

Dans des cas déterminés, l'exercice de la capacité de droit commun peut être retiré à l'individu *majeur*. Il est alors frappé d'interdiction.

Les interdits se divisent en deux catégories : les uns sont atteints d'une incapacité complète; les autres, d'une incapacité qui n'exclut que certains actes.

Les interdits de la première catégorie sont dans une position identique à celle des mineurs non émancipés. De même que ceux-ci, ils ont un tuteur qui est chargé de l'administration de leurs biens (art. 505 et 509 C. C.). Par conséquent, tout contrat d'assurance souscrit par ces incapables serait susceptible d'annulation, mais seulement à leur profit. Ils jouissent du bénéfice de la restitution « *tanquam lœsus.* »

Les interdits de la deuxième catégorie sont ceux qui ont reçu un conseil judiciaire. La loi spécifie les actes qu'ils ne peuvent pas faire sans l'assistance de ce conseil (art. 499 C. C.). Le but de cette sujétion est surtout de protéger la fortune de certaines personnes contre leur inexpérience ou leurs prodigalités. Mais l'assurance a précisément pour résultat de sauvegarder les biens qu'elle couvre. Il est donc permis de conclure que l'interdit soumis à un conseil judiciaire peut souscrire un contrat d'assurance inattaquable.

§ 3. — Les femmes mariées.

En principe, la femme mariée a le droit d'administrer ses biens personnels. Par suite, elle a le pouvoir de les faire assurer. Mais si, dans son contrat de mariage, elle a conféré à son époux le mandat d'administration, le droit dont elle s'est dépouillée ne peut pas lui être restitué. Par l'effet de sa volonté, elle a encouru une incapacité qui rend annulable toute convention émanant de son initiative privée. La validité de l'assurance qu'elle a souscrite est ainsi subordonnée aux dispositions du contrat de mariage.

Lorsqu'il n'a pas été fait de contrat, la femme est présumée mariée sous le régime de la communauté légale (art. 1400 C. C.). Dans ce cas, l'administration de tous ses biens personnels appartient à son mari (art. 1428 C. C.). Il en résulte que l'assurance consentie par cette femme est annulable.

Il en est de même au cas de mariage sous le régime *sans communauté;* car, aux termes de l'art. 1530 du C. C., « la clause portant que « les époux se marient sans communauté, ne « donne point à la femme le droit d'adminis- « trer ses biens. » — La loi confie formellement cette administration au mari par l'art. 1531.

Au contraire, le mariage ayant eu lieu sous le régime de séparation de biens, la femme conserve l'entière administration de ses meubles et immeubles (art. 1536 C. C.). Dans cette hypothèse, les obligations qu'elle contracte avec l'assureur ne sont pas susceptibles d'être annulées.

Enfin, lorsque la femme est mariée sous le régime dotal, elle a qualité pour faire assurer ses paraphernaux, attendu qu'elle en a l'administration (art. 1576 C. C.); mais sa capacité ne s'étend pas aux biens dotaux. Il n'est pas inutile d'expliquer que les paraphernaux sont les biens qui n'ont pas été constitués en dot.

Nous n'avons pas besoin de dire qu'après la dissolution du mariage, la femme recouvre la capacité de droit commun.

III.

De l'objet certain.

L'*objet* de toute convention se trouve dans le bénéfice (*res* ou *factum*) que l'un des contractants doit procurer à l'autre. Le contrat synallagmatique engendrant des obligations réciproques, son *objet* est différent si l'on se place dans la position de l'une ou l'autre partie. C'est le résultat qui se produit dans l'assurance. L'objet de l'obligation est, pour l'assureur, l'indemnité éventuelle dont la quotité sera fixée en cas de sinistre ; et, pour l'assuré, la prime qu'il doit payer. Tel est le double aspect sous lequel il convient d'envisager ce que la loi entend par *objet certain*.

§ 1ᵉʳ. — L'objet certain quant à l'assureur.

Pour qu'un objet soit certain, il n'est pas nécessaire qu'il soit déterminé « *hic et nunc* » (art. 1129 C. C.). Il suffit qu'il puisse être connu lorsqu'il s'agira d'exécuter l'obligation.

Ainsi qu'on l'a vu, l'objet du contrat se résout pour l'assureur en une indemnité remunératoire des dommages causés par l'incendie. Or, il n'est possible de déterminer cette indemnité que si les biens garantis sont désignés d'une manière précise. Donc, au point de vue des obligations de l'assureur, l'objet est certain pourvu que le contrat porte sur des choses expressément spécifiées. C'est surtout à cet égard que la police doit offrir, comme moyens de preuve, des indications claires et nettes.

S'agit-il d'assurer un immeuble : le contrat doit indiquer la situation topographique du bâtiment, son genre de construction, sa destination, et, lorsqu'il fait partie d'une agglomération, sa position par rapport aux édifices voisins ; enfin tout ce qui peut le faire distinguer d'un autre immeuble. On pourrait croire qu'un bâtiment est suffisamment déterminé par l'indication de sa situation topographique. Mais, si l'on considère que les dangers d'incendie varient selon la nature des constructions, et qu'ils peuvent être provoqués plus particulièrement par certaines professions ou industries, par des objets voisins ou contigus, on conçoit que le contrat d'assurance doit exiger des détails très-caractéristiques.

La garantie des meubles n'exige pas moins de précision. D'un côté, les mobiliers suivent généralement la fortune des édifices qui les renferment ; et, d'un autre côté, il y en a qui, par leur nature même, sont susceptibles d'occasionner souvent des incendies ; par exemple : les produits chimiques inflammables.

En résumé, le contrat d'assurance ne repose sur un *objet certain*, et n'est inattaquable par le garant, que si les risques qui ont été mis à sa charge sont bien spécifiés.

§ 2. — L'objet certain quant à l'assuré.

Ici l'objet du contrat, c'est la prime. Or, en matière d'assurance à prime fixe, la somme que l'assuré doit payer est déterminée par la police dès sa souscription ; et le *quantum* n'en pourra être modifié ultérieurement que par une convention accessoire. Il est donc évident qu'en ce qui concerne l'assuré, l'*objet* du contrat est toujours *certain*.

IV.

De la cause.

La *cause* d'une convention est le but immédiat qu'on se propose d'atteindre en s'obligeant. Il en résulte que, dans le contrat synallagmatique, l'obligation de l'une des parties sert de cause à celle de l'autre. Lorsque l'assureur prend à sa charge certaines éventualités de dommages, c'est dans le but d'obtenir de l'assuré l'engagement de payer une prime.

Ainsi, pour l'assureur, la convention a pour *cause* le payement d'une prime.

L'assuré s'oblige à payer une prime afin d'être indemnisé des dommages. Pour lui, le contrat a par conséquent pour *cause* le payement de l'indemnité représentative des pertes résultant d'un sinistre.

On a vu qu'une convention ne saurait être valable, à moins d'avoir une cause *licite*.

Toute cause est licite lorsqu'elle n'est pas prohibée par la loi. Mais la législation n'ayant pas réglementé l'assurance terrestre, il est difficile de trouver, dans cette matière, des causes illicites. Cependant, par analogie du droit commercial, il est permis d'en citer au moins une : c'est celle qui reposerait sur la garantie du *profit espéré* des marchandises (art. 347 C. de C.).

Il est, en effet, de principe que les choses susceptibles d'éprouver des dommages sont les seules qui puissent être assurées. Cette règle doit dominer l'assurance *terrestre* au même titre que l'assurance *maritime.* Or, le *profit espéré* des marchandises ne saurait être classé parmi les choses susceptibles de pertes. C'est un gain qui peut ne pas se produire; rien de plus. Le contrat d'assurance qui aurait pour but de le couvrir serait nul, comme reposant sur une cause illicite.

. Le Sénat discute en ce moment une proposition ayant pour objet notamment d'autoriser la garantie du *profit espéré* des marchandises en matière d'assurances maritimes (art. 334 du projet). Cette dérogation aux principes paraît devoir être admise; et, à dire vrai, il ne semble pas qu'elle soit dangereuse.

En effet, dans la pratique, l'assurance sur cause purement illicite ne se rencontre pas. Néanmoins, ce vice pourrait exister à l'état latent dans beaucoup de contrats, si les négociants comprenaient, dans les capitaux affectés à leurs marchandises, les profits qu'ils espèrent tirer de la vente. Au reste, il n'y a là qu'un intérêt très-secondaire pour les parties, attendu que les dommages matériels seront le plus souvent appréciables au moyen de l'expertise.

A cette question, qui reste en quelque sorte

dans le domaine de la théorie, s'en rattache
une autre plus importante, en ce qu'elle trouve
son application dans la pratique. Il peut arriver qu'un assuré fasse couvrir des objets qui
sont déjà garantis, c'est-à-dire qu'il confie les
mêmes risques à des assureurs distincts et en
totalité à chacun d'eux. La situation qu'il se
crée en agissant ainsi mérite l'examen.

Par le premier contrat, l'assuré se décharge
entièrement des risques de sa chose; il les
transmet à un assureur, qui est valablement
obligé et qui doit le rendre indemne en cas de
sinistre. Dès lors, l'assuré n'a plus de risques à
courir; de sorte que s'il passait un nouveau
contrat sur les mêmes objets, cette deuxième
convention serait *sans cause*. Elle ne pourrait
donc avoir aucun effet (art. 1131 C. C.).

Il faut considérer à un autre point de vue
si le second contrat, au lieu de constituer une
assurance sans cause, ne serait pas une reprise de garantie en prévision de l'insolvabilité du premier assureur. Car dans ce cas, —
distinction essentielle, — la nouvelle convention est valable. Mais c'est une éventualité
complexe sur laquelle les contractants doivent
s'expliquer avec précision.

Des stipulations obscures seraient de nature,

dans cette hypothèse surtout, à devenir litigieuses. Les intérêts de l'assuré ne pourraient
qu'en souffrir. Il prouverait sans doute qu'il
a voulu se prémunir contre l'insolvabilité de
son premier garant. Or, le second pourrait
facilement se défendre en disant : « Il est de
« l'essence de mon contrat de garantir des
« dommages matériels résultant d'un sinistre ;
« mon cocontractant ne m'a rien déclaré de
« particulier, et son silence m'a laissé croire
« que son assurance restait dans le droit com-
« mun ; — il vient de prouver que, par excep-
« tion aux règles usuelles, il a entendu faire
« garantir l'insolvabilité de son premier assu-
« reur. Soit ! la seconde convention repose
« donc pour moi sur une *fausse cause*, et ma
« responsabilité n'existe pas. » C'est effectivement la solution de l'art. 1131, déjà cité.

Il ne faut pas confondre la double assurance
avec la *coassurance* et la *réassurance*.

On entend par coassurance la participation
de plusieurs assureurs, chacun pour une proportion déterminée, dans la garantie d'un seul
et même risque. C'est une opération parfaite-
ment licite. La preuve en est dans l'art. 359
du C. de C., qui doit s'appliquer, par analogie,
à l'assurance terrestre. Cet article **a posé** et

légitimé le principe de la coassurance, puisqu'il en a élargi l'application. Prévoyant le cas où plusieurs contrats ont été faits sans fraude pour couvrir les mêmes objets, il dispose que si l'entière valeur des effets n'est pas garantie par la convention première en date, les assureurs subséquents sont engagés.

La réassurance est la contre-garantie que l'assureur, responsable de certains risques, se fait consentir par un autre assureur, pour ces mêmes risques. C'est une affaire étrangère à l'assuré proprement dit, qui ne peut en aucun cas s'en prévaloir, et contre qui personne ne saurait l'invoquer. Elle résulte d'une convention distincte de toute autre, qui crée des obligations dont la nature et l'étendue sont débattues par le *réassuré* et le *réassureur*, sans le concours de l'*assuré*. Celui-ci n'a donc pas à redouter les vices qui pourraient détruire les effets de la réassurance. Pour lui, c'est « *res inter alios acta.* » Il est absolument étranger à l'acte, et son assureur ne peut en aucun cas le lui opposer. Par la même raison, l'assuré chercherait vainement à retourner contre le réassureur les obligations que l'assureur n'exécuterait pas. D'après le principe général de l'art. 1165 du C. C., les conventions n'ont d'effet qu'entre les parties contractantes.

Le droit de l'assureur à faire réassurer les objets qu'il a garantis résulte formellement de l'art. 342 du C. de C. — La loi ajoute même que « la prime de réassurance peut être « moindre ou plus forte que celle de l'assu-« rance. »

Tels sont les principes généraux de droit qui régissent le contrat d'assurance terrestre. Il convient maintenant de l'envisager, pour ne laisser aucun point dans l'obscurité, sous les formes que la pratique lui a données.

FORMES ADMISES PAR LA PRATIQUE.

Pendant longtemps, la connaissance imparfaite des véritables caractères du contrat d'assurance et une incroyable suspicion contre l'assureur ont poussé les tribunaux à interpréter systématiquement en faveur de l'assuré les conventions litigieuses. Il serait facile de citer des procès dont la solution, inspirée par une équité de mauvais aloi, est contraire à tous les principes du droit.

Rien ne serait plus dangereux que les tendances du juge à se laisser guider par des considérations dites d'équité. Il se placerait ainsi au-dessus de la loi, dont il ne doit être que l'interprète. Aurait-il le droit de se plaindre quand on lui ferait l'application de ce vieil et judicieux aphorisme : « Que Dieu nous « préserve de l'équité des parlements ! »

Mais la jurisprudence rentre dans la bonne voie. Les tribunaux, après avoir approfondi, — un peu lentement sans doute, — les caractères du contrat d'assurance, ont fini par apprécier sainement la situation respective des parties.

L'absence d'une législation spéciale avait d'abord laissé le champ libre aux interprétations les plus fantaisistes. Il était arrivé que, la police étant entièrement rédigée par l'assureur, on tournait contre lui les dispositions qui paraissaient ambiguës, et on restreignait les stipulations qui semblaient lui être favorables.

D'ailleurs, les conditions générales du contrat ont soulevé parfois d'injustes critiques. Il s'est trouvé des esprits assez chagrins ou assez retors pour affirmer que ces conditions offrent toujours à l'assureur le moyen d'éluder ses engagements.

Il suffit, pour faire cesser ces appréciations erronées, de commenter les conditions générales des principales compagnies de France. On verra que l'assureur s'est borné à imprimer, en tête de ses contrats, des dispositions qui sont en harmonie avec les véritables principes de la législation. Il y a expliqué la nature de ses obligations et de celles des assurés. Il mérite d'en être félicité, attendu que les conventions donnent d'autant moins prise à l'erreur ou à la fraude qu'elles sont plus précises dans leurs caractères. Par cela même, en effet, les intérêts des personnes qui contractent avec l'assureur, sont mieux sauvegardés.

Les conditions générales des grandes compagnies françaises ne différant pas, au fond, les unes des autres, nous n'avons, pour en passer la revue complète, qu'à prendre un type et à l'examiner. Celui que nous adoptons est d'une grande clarté. Il est dû à la longue expérience et à l'habile Direction d'une compagnie bien connue (1).

L'ensemble des dispositions dont il s'agit comporte trente-six articles. Ceux-ci peuvent se diviser en trois sections, comprenant : la première, la définition de la garantie ; la deuxième, l'explication des obligations de l'assuré ; la troisième, la délimitation des positions créées par un sinistre, tant au garant qu'à l'autre partie.

(1) *L'Union.*

SECTION I.

DÉFINITION DE LA GARANTIE.

Cette section comprend sept articles.

ARTICLE PREMIER. — *La Compagnie assure contre l'incendie, lors même qu'il est causé par la foudre, toutes les propriétés mobilières et immobilières désignées dans la ..... Police.*

Elle assure aussi, en cas d'incendie, et quand la stipulation en est faite dans la Police, les risques ci-après :

Le risque locatif, c'est-à-dire les effets de la responsabilité à laquelle l'assuré est soumis, comme locataire, aux termes des articles 1733 et 1734 du Code civil;

Le recours des voisins, c'est-à-dire les suites de toute action que les voisins pourraient exercer contre l'assuré, pour communication d'incendie, en vertu des articles 1382, 1383, 1384 et 1386 du même Code;

Le recours des locataires contre les propriétai-

res, ou les effets de la responsabilité encourue par ces derniers, pour dommages causés aux mobiliers et marchandises desdits locataires dans les cas prévus par les articles 1386 et 1721 dudit Code.

Le premier alinéa s'explique de lui-même.

Cependant, on peut y rattacher une question susceptible d'être élucidée. « *La Compagnie assure contre l'incendie, lors même qu'il est causé par la foudre !...* » Est-ce à dire que la Compagnie n'ait jamais à se préoccuper des causes du feu, et que, les objets garantis étant détruits par un incendie, elle doive dans tous les cas en indemniser le propriétaire ?

Nous supposons que le contrat est sans vice de forme. A première vue, la responsabilité de l'assureur est engagée. Si le propriétaire n'était pas l'auteur du sinistre, ni les personnes dont il répond, son garant ne ferait aucune difficulté de l'indemniser ; cela n'est pas douteux. Dans le cas contraire, il y a lieu d'établir une distinction.

La loi (art. 1382 et 1383 C. C.) dispose que celui qui, par son fait, sa négligence ou son imprudence, cause à autrui un dommage, est tenu de le réparer. A cet égard, l'assureur n'est pas, envers le propriétaire dont il garantit les risques, dans la position des tiers.

Il s'est chargé, en ce qui concerne la chose assurée, des éventualités d'incendie qui se produisent habituellement, et au nombre desquelles figurent nécessairement la *négligence* et l'*imprudence;* car c'est de là que découlent le plus souvent les causes du feu. Mais ici s'arrêtent les obligations de l'assureur. Elles disparaissent quand l'incendie a été occasionné par un *fait* de l'assuré ou des siens , perpétré avec intention ou dans des conditions telles qu'il puisse être assimilé à un *dol.* « Nul, en « effet, ne peut arguer du délit et *à fortiori* « du crime qu'il a commis pour en tirer des « conséquences juridiques. » Nous aurons à revenir sur ce point important, en examinant la question des recours. C'est alors, aussi, que nous serons à même d'étudier le mécanisme des risques locatifs, du recours des voisins et du recours des locataires. Quant à présent, il serait inopportun d'entrer dans des détails qui doivent avoir une place à part. A ce sujet, le texte de notre article ne pouvait donner que des définitions. Elles sont exactes.

Art. 2. — *La Compagnie n'assure pas les dépôts, magasins et fabriques de poudre à tirer, les titres de toute nature, les lingots et les monnaies d'or et d'argent.*

Elle ne répond des tulles, des dentelles, des cachemires, des bijoux, des diamants et perles fines, des médailles, de l'argenterie, des tableaux, des statues et en général de tous les objets rares ou précieux, mobiliers ou immobiliers, que lorsqu'ils sont spécialement désignés dans la Police, et qu'un capital distinct est affecté à leur garantie.

L'exclusion qui frappe les dépôts, magasins et fabriques de poudre à tirer est une conséquence naturelle des dangers d'incendie inévitables que présentent ces établissements. Cette mesure restrictive est dictée à l'assureur, et par le souci des intérêts de la généralité de ses clients et par des considérations supérieures de sécurité publique.

D'un côté, les assurés pourraient craindre que la solvabilité de leur garant ne fût sérieusement exposée, s'il couvrait d'une manière inconsidérée des risques condamnés à brûler. D'un autre côté, il y aurait à redouter, dans le même cas, de voir se relâcher la surveillance exceptionnelle à laquelle les dépôts, magasins et fabriques de poudre à tirer doivent être soumis, et par conséquent se multiplier des désastres qui n'arrivent jamais sans entraîner mort d'hommes.

L'assureur ne garantit pas non plus « les « titres de toute nature, les lingots et les « monnaies d'or et d'argent. » Ce sont effectivement des valeurs qui, étant soumises à des fluctuations, ne présentent pas toujours les bases d'une estimation précise. Elles peuvent passer de mains en mains avec la plus grande facilité. L'assureur n'aurait aucun moyen de se convaincre de leur existence au moment du sinistre. Rien ne serait plus facile que de les lui faire rembourser alors qu'on s'en serait dessaisi. D'ailleurs, ceux qui possèdent des titres, lingots, etc., savent bien les mettre à l'abri du feu. Ils n'auraient donc aucune raison de les faire garantir.

L'assureur s'est également inspiré de ces considérations pour apporter quelques restrictions à la garantie des objets rares ou précieux qu'il n'est pas aussi difficile d'apprécier, mais qui pourraient néanmoins donner prise, dans une certaine mesure, à l'erreur ou à la fraude. C'est ainsi que, pour répondre des tulles, dentelles, cachemires, bijoux, etc., l'assureur oblige le propriétaire à les faire spécialement désigner dans le contrat et à leur attribuer un capital distinct. Les intéressés en sont suffisamment informés par les dispositions de notre art. 2. Ils ne pourront s'en prendre qu'à leur négligence, si, faute de déclarations, l'assureur refuse de payer, après un sinistre, des objets précieux dont il n'a pas connu l'existence.

Art. 3. — En cas d'explosion ou de détonation et dans tous les accidents causés par la foudre, par les ouragans, tempêtes, trombes ou tous autres phénomènes météorologiques, la Compagnie ne répond pas des dégâts qui en résultent; elle garantit seulement les dommages d'incendie qui en sont la suite.

Cependant, la Compagnie répond, quand elle en est convenue expressément, et moyennant une prime spéciale, des dommages résultant des effets de la foudre, de l'explosion du gaz servant à l'éclairage ou au chauffage et enfin de l'explosion des appareils à vapeur, lors même qu'il n'y a pas incendie.

Cette garantie ne peut s'étendre qu'aux objets assurés par la Police contre l'incendie.

La Compagnie ne répond, en aucun cas, des incendies occasionnés par les volcans et les tremblements de terre.

Ces explications ne sont pas sujettes à la controverse. Elles ne font que confirmer les dispositions de l'art. 1er, aux termes duquel la

Compagnie assure contre *l'incendie*. Il en résulte, *à contrario*, que les pertes causées par d'autres agents de destruction ne sont pas garanties. C'est pour bien mettre ce point en lumière que l'on cite, à titre d'exemple, les explosions, détonations, etc.

L'assureur ne répond pas des dégâts qui se produisent *sans incendie*, tel est le principe qu'il ne faut pas oublier. S'il en était autrement, il deviendrait impossible de préciser la garantie résultant du contrat d'assurance.

Mais, lorsque le garant a pris à sa charge les risques d'incendie, il peut consentir accessoirement à répondre « des dommages « résultant des effets de la foudre, de l'explo- « sion du gaz servant à l'éclairage ou au « chauffage, et enfin de l'explosion des appa- « reils à vapeur. » Cette garantie secondaire doit faire l'objet d'une stipulation expresse et d'une prime spéciale. Quant aux éruptions volcaniques et aux tremblements de terre, il est impossible d'en prévoir, même approximativement, les conséquences. Les dommages d'incendie qu'ils peuvent causer échappent à la statistique. C'est pourquoi, aucune garantie sérieuse ne saurait s'élever contre de tels cataclysmes.

En somme, les indications de l'art. 3 ne laissent place à aucune confusion ni ambiguïté. Tout le monde sait à quoi s'en tenir sur les justes limites qu'il convient d'assigner à l'assurance contre l'incendie.

Art. 4. — *En cas de guerre, d'invasion, d'émeute et dans tous les cas où les bâtiments assurés sont occupés, en tout ou en partie, par des troupes françaises ou étrangères, armées ou non armées, la Compagnie n'est responsable de l'incendie que si l'assuré prouve qu'il ne provient, ni directement ni indirectement, des causes ci-dessus.*

Des événements, que personne n'oubliera, ont donné à cet article une application douloureuse. — La Compagnie ne répond pas, en cas de guerre, invasion, émeute ou occupation par des troupes françaises ou étrangères, des incendies qui sont le fait des forces militaires, armées ou non armées. — Ces termes sont très-généraux. Ils peuvent embrasser les nombreuses éventualités créées par une situation exceptionnelle, dont il est impossible d'écarter les conséquences. Ils s'appliquent à tout sinistre provenant du fait des soldats réunis en troupes, pour quelque cause que ce soit, par exemple pour des manœuvres. Mais l'assureur a voulu principalement repousser la responsabilité des incendies occasionnés par une force militaire agissant en dehors des conditions normales de la paix.

Quoi de plus légitime! Lorsque le feu devient une arme de guerre, les présomptions, d'après lesquelles le garant a fixé ses primes, sont renversées. Le rapport qui doit exister entre les risques courus par l'assureur et la somme payée par l'assuré est détruit. L'économie d'un contrat de bonne foi ne saurait comporter des éventualités pareilles.

Néanmoins, des tribunaux se sont crus autorisés à établir une distinction entre les incendies résultant des hostilités pendant l'état de guerre et ceux qui sont causés par les forces militaires dans la période d'occupation.

Pendant l'état de guerre, a-t-on dit, l'assureur n'est pas responsable ; mais il est tenu des dommages s'il y a simplement « *occupation*. » Cette distinction a l'inconvénient grave de ne pas être précise. Il est difficile de ne pas avoir des doutes sur ce qu'on peut entendre juridiquement par « *occupation*. » Un armistice, en suspendant les hostilités, transforme-t-il l'état de guerre en occupation ? Faut-il croire, au contraire, que la période d'occupation ne commence qu'après la signature de la paix? L'une et l'autre situation ont, au point de vue de l'assurance, bien des analogies; et, pourtant, les tribunaux seraient très-embarrassés de décider que la Compagnie est garante des incendies causés pendant un armistice, par ceux qui sont encore des *belligérants*.

Raisonnablement, un pareil système n'a pu être qu'une erreur de jurisprudence. La force militaire n'est plus aussi ouvertement violente dans l'état d'occupation, mais elle est tout aussi malveillante que pendant la guerre. On en a eu des preuves. Du reste, un propriétaire est hors d'état de surveiller une maison envahie par la force militaire.

De ce que l'assureur décline la responsabilité dans les cas indiqués ci-dessus, il ne résulte pas que l'effet de son contrat soit suspendu. Il serait inutile de discuter cette interprétation, si les assurés n'avaient pas cherché quelquefois à la faire prévaloir pour être dispensés de payer la prime. La garantie ne s'applique pas aux dommages d'incendie occasionnés par guerre, invasion, émeute, occupation militaire; mais elle n'en existe pas moins pour les sinistres dus à une autre cause.

L'assureur se reconnaît responsable de l'incendie si le sinistré peut prouver que le feu, bien qu'il ait eu lieu dans des temps troublés, ne provient ni directement ni indirectement des faits indiqués plus haut.

Au fond, le contrat d'assurance continue à couvrir les risques en vue desquels il a été consenti. L'assuré ne saurait donc être fondé à se refuser au payement de la prime.

ART. 5. — *La Compagnie n'est responsable que des dommages matériels, et ne doit aucune indemnité pour changement d'alignement, défaut de location ou de jouissance, résiliation de baux, chômage ou toute autre perte non matérielle.*

Elle ne répond, en aucun cas, des objets égarés ou volés pendant ou après le sinistre.

Il peut arriver qu'après l'incendie, les bâtiments à reconstruire soient soumis à une rectification d'alignement. Il est également possible que le sinistre entraîne des troubles de location ou de jouissance, qu'il produise pour une usine un chômage forcé, enfin qu'il occasionne la résiliation d'un bail. De là, des pertes, soit pour les propriétaires, soit pour les locataires.

Vouloir faire supporter ces dommages, qu'il qualifie « *non matériels* », au garant de l'incendie, ce serait donner à ses obligations une extension telle que l'assurance en deviendrait impraticable.

D'un côté, en effet, la garantie perdrait sa base d'opération. Elle repose sur la statistique et sur la connaissance moyenne des dégâts que peut causer le feu dans un temps et dans un lieu donnés. Cette approximation est possible pour les pertes *matérielles*. Mais, si l'on devait tenir compte des circonstances dans lesquelles le sinistre, abstraction faite des dommages bruts, lèse accessoirement les intérêts, c'est alors que la confusion serait à son comble, que la statistique serait illusoire et qu'il faudrait considérer l'assurance comme un jeu de hasard, un véritable *pari*. Or, la loi n'accordant pas d'action pour le payement d'un pari (art. 1965, C. C.), le contrat n'aurait pas de sanction. Par conséquent, il serait inexécutable, puisque aucune des parties ne pourrait contraindre l'autre.

D'un autre côté, en admettant qu'on néglige cette principale face de la question, il y a encore plus d'une raison à invoquer pour établir que l'assureur ne doit répondre, dans aucun cas, des pertes *non matérielles.*

En ce qui concerne, par exemple, le changement d'alignement, le sinistre n'en est pas la cause déterminante. Une maison qui, sans avoir été incendiée, n'a besoin que de réparations à la façade, peut être soumise à une rectification d'alignement. Ce changement résulte d'une situation exceptionnelle qui est créée par les travaux des Ponts et chaussées ou par les classements administratifs des voies de communication. S'il survient un incendie, l'agent des pertes *non matérielles,* ce n'est pas le feu, mais bien la vicinalité.

Quant à la résiliation du bail et aux troubles de location et de jouissance, ils ont certainement pour cause le sinistre ; mais on ne voit pas comment l'assureur pourrait être tenu à cet égard d'une indemnité. Vis-à-vis du propriétaire et du locataire de la chose détruite, le code a prévu la situation qui nous occupe. D'après l'art. 1722, « si, pendant la durée du « bail, la chose louée est détruite en totalité « par cas fortuit, le bail est résilié de plein « droit ; si elle n'est détruite qu'en partie, le « preneur peut, suivant les circonstances, « demander une diminution du prix, ou la « résiliation même du bail. *Dans l'un et l'autre*

« *cas, il n'y a lieu à aucun dédommagement.* »

Voilà un texte explicite. Ainsi, lorsqu'un immeuble est incendié par cas fortuit, les intéressés n'ont droit à aucun dédommagement pour les troubles dont il est question. Par quel motif, dès lors, pourrait-on prétendre que l'assureur doit ce dédommagement que prohibe l'art. 1722? Ce serait pousser au mépris de la loi.

A fortiori, l'assureur ne peut être tenu à aucun dédommagement, quand le sinistre a eu lieu autrement que par cas fortuit, attendu que si sa *responsabilité* existait en droit commun, elle serait couverte par la *responsabilité* de l'auteur des pertes.

Tout ceci s'applique au chômage, qui est un trouble de location ou de jouissance.

Il n'est pas utile d'insister sur la partie finale de notre art. 5. La Compagnie « ne ré-« pond en aucun cas des objets *égarés* ou *volés* « pendant ou après le sinistre. » Rien de plus logique ! L'assureur garantit contre les dommages d'incendie. Or, les objets *égarés* ou *volés* n'ont pas été *brûlés,* Donc.....

De ces développements, il ressort que, même à défaut d'une clause spéciale, l'assureur ne serait pas tenu en droit des pertes

non matérielles; s'il s'en est expliqué d'une manière formelle, c'est afin d'éviter les procès.
L'assuré y trouve son avantage ; car, en présence d'une exclusion écrite, il ne sera pas
tenté de recourir aux tribunaux ni d'exposer
des frais qui resteraient à sa charge.

ART. 6. — *L'assurance ne peut jamais être une
cause de bénéfice pour l'assuré; elle ne lui garantit que l'indemnité des pertes réelles qu'il a
éprouvées. En conséquence, les sommes assurées,
les primes perçues, les désignations et évaluations
contenues dans la Police ne peuvent être invoquées par l'assuré comme une reconnaissance ou
une preuve de l'existence ou de la valeur des objets
assurés, soit au moment de l'assurance, soit au
moment de l'incendie.*

Cet article pose un principe de haute moralité auquel l'assurance doit toujours être soumise : « Elle ne peut jamais être une cause de
bénéfice pour l'assuré; » — c'est-à-dire qu'elle
ne saurait lui procurer un *lucre* sur la valeur
des objets détruits.

Autrement, en effet, l'assurance pourrait
être l'objet de spéculations compromettantes;
et, chose plus grave, elle serait un danger
pour la sécurité publique. Il faut voir la

société telle qu'elle est. N'y a-t-il pas des gens qui se livrent à des manœuvres criminelles, s'ils peuvent espérer en tirer des profits? Qui ne prévoit les cas où des spéculateurs, à bout de ressources avouables, ne reculeraient pas devant un incendie volontaire, s'ils pouvaient y trouver des *bénéfices*?

Le nombre des sinistres ne tarderait pas à augmenter au grand détriment de la sécurité publique et des mœurs de la société. Ce sont ces intérêts de premier ordre que l'assureur protége lorsqu'il dit : « Je ne garantis à l'assuré que l'indemnité des pertes réelles qu'il a éprouvées. »

Ce principe salutaire étant admis, les conséquences naturelles en découlent d'elles-mêmes. « Les sommes assurées, les primes « perçues, les désignations et évaluations « contenues dans la police ne peuvent être in-« voquées ni opposées par l'assuré comme une « reconnaissance ou une preuve de l'existence « ou de la valeur des objets assurés, soit au « moment de l'assurance, soit au moment de « l'incendie. »

Par suite de la rapidité avec laquelle se traitent ses affaires, l'assureur ne peut contrôler efficacement la valeur des objets offerts à sa garantie. Il est forcé de s'en tenir, sauf vérification ultérieure s'il y a lieu, aux déclarations qui lui sont faites. Or, l'assuré pourrait être tenté d'exagérer ses évaluations, afin de se prévaloir, en cas de sinistre, des données de la police et de se ménager indirectement des bénéfices qui sont prohibés.

En résumé, ces dispositions sont dans l'esprit de l'art. 6 du C. C. : « — On ne peut pas « déroger, par des conventions particulières, « aux lois qui intéressent l'ordre public et les « bonnes mœurs. »

ART. 7. — *Toutes les dispositions et exceptions ci-dessus sont également applicables à l'assurance du risque locatif, du recours de voisinage et du risque des propriétaires.*

Il n'y a pas à insister.

SECTION II.

OBLIGATIONS DE L'ASSURÉ.

Ces obligations sont définies et expliquées dans les articles 8 à 18.

ART. 8. — *Les primes d'assurance sont payables comptant et d'avance, chaque année, à Paris, au domicile de la Compagnie, et dans les départements, au siége de l'Agence où la Police a été souscrite.*

Celle de la première année se paye au moment de la signature de la Police quand l'assurance a immédiatement son effet. Dans le cas contraire, la prime de la première année est payée contre une quittance de la Compagnie ou de son agent fondé de pouvoirs, le jour où l'assurance doit commencer.

Dans tous les cas, la Police n'a d'effet qu'après le payement de la prime de la première année ; mais l'acceptation ou le payement de la prime, avant la signature de la Police, n'oblige en rien ni l'assuré ni la Compagnie ; ils ne sont engagés qu'après la signature de la Police par les parties contractantes et le payement de la prime.

« Les primes sont payables comptant et « d'avance chaque année..... » Il ne saurait en être autrement. A l'heure même où la convention prend son effet, l'assureur court des risques. Il est donc de toute justice qu'il touche d'abord sa rémunération. Concevrait-on qu'il pût être appelé à débourser une indemnité, c'est-à-dire à se reconnaître engagé, avant l'exécution des obligations en vue desquelles il a contracté avec l'assuré ? Ce serait absurde.

« Les primes sont payables..... à Paris, au « domicile de la Compagnie, et, dans les dé- « partements, au siége de l'agence où la « police a été souscrite. » Aux termes de l'art. 1247, C. C., les payements doivent, en général, être faits au domicile du débiteur. Or, dans certains cas, il serait trop dur d'obliger le créancier à faire des démarches onéreuses pour recouvrer des sommes qui, à raison de leur faible quotité, compenseraient à peine les frais de perception. L'assureur se trouverait précisément dans cette situation.

La multiplicité des primes occasionnerait des dépenses de recouvrement excessives, s'il fallait effectuer les encaissements au domicile des assurés.

Mais le même art. 1247 permet d'obvier à ces inconvénients en désignant, dans la convention, le lieu où le payement doit être fait. L'assureur se borne à user de cette faculté, lorsqu'il stipule que les primes sont payables à son domicile ou à la résidence de ses représentants. Il en résulte que la prime est *portable* et non *quérable*.

Le payement de la première prime ne comporte pas les moindres délais de grâce. C'est une des conditions nécessaires à la perfection du contrat. A défaut de ce payement, l'effet de la convention est ajourné. Nous en avons donné la raison. On conçoit, d'ailleurs, que l'assuré reste engagé, nonobstant l'omission du versement de la prime.

Il est une autre formalité importante, sans laquelle le contrat doit être considéré comme n'existant pas. La Compagnie et le tiers qui s'est proposé de traiter avec elle « ne sont en-« gagés qu'après la signature de la police par « les parties contractantes..... »

Au point de vue du droit pur, l'assurance,

4

ainsi que nous l'avons précédemment démontré, est *consensuelle*, c'est-à-dire qu'elle pourrait être parfaite, indépendamment d'un écrit, par le seul consentement des parties. Les dispositions finales de notre article dérogent à ce principe. Ce n'est pas sans d'excellents motifs.

L'assurance comporte de nombreuses modalités et des questions de détail sur lesquelles les parties doivent s'expliquer d'une manière aussi précise que possible, sous peine de ne pas connaître exactement leurs intentions respectives. On comprend qu'en cette matière, tous les moyens de preuve, autres qu'un écrit, seraient insuffisants à trancher des difficultés et des litiges. Il était dans l'intérêt des assureurs et des assurés de prévenir des complications non moins préjudiciables aux uns qu'aux autres, en faisant une règle inéluctable de cette disposition du Code de commerce : — « Le contrat d'assurance est rédigé par « écrit. » — Art. 332.

La clause qui nous occupe est justifiée par l'intérêt des parties, et, quoiqu'elle soit dérogatoire à un principe de droit, elle n'est pas contraire à la loi. « Les particuliers, dit la « doctrine, peuvent, dans leurs conventions,

« déroger aux lois de pur droit privé, c'est-
« à-dire à celles qui n'ont pour objet que l'in-
« térêt personnel et relatif des individus. »
L'argument n'est pas critiquable. C'est un
simple « à contrario » de l'art. 6 du C. C.
que nous avons déjà eu l'occasion de citer.

ART. 9. — *Les primes des années qui suivent
la première sont également payées contre quittances de la Compagnie, ou de son agent fondé de
pouvoirs, comptant, à chacun des termes fixés par
la Police ; néanmoins, il est accordé à l'assuré
un délai de grâce de quinze jours pour les acquitter.*

ART. 10. — *A défaut de payement de l'une des
primes dans le délai fixé à l'article précédent,
sans qu'il soit besoin d'aucune demande ou mise
en demeure, l'effet de l'assurance est suspendu ;
l'assuré, en cas de sinistre, n'a droit à aucune indemnité, et la Compagnie se réserve le droit de
résilier la Police au moyen d'une simple notification, par lettre recommandée, ou d'en poursuivre
judiciairement l'exécution.*

*L'assurance reste suspendue, même pendant les
poursuites exercées par la Compagnie pour le recouvrement de la prime échue. Mais la Police
reprend son effet, dans tous les cas, du lendemain*

*à midi du jour où le payement de la prime ar-
riérée et des frais, s'il y a lieu, a été fait à la
Compagnie et accepté par elle.*

*Il est bien entendu que le payement de la prime
échue, effectué pendant ou après l'incendie, ne
donne à l'assuré aucun droit à une indemnité.*

Nous venons de voir que la prime de la
première année doit être payée au jour dit.
Pour les exercices suivants, bien que la date
du payement soit à échéance précise, l'assureur accorde *un délai de grâce de quinze jours.*
C'est une faveur qui enlève toute excuse à
l'assuré, s'il ne se libère pas en temps voulu;
et cette condescendance du garant est une
nouvelle preuve de la bonne foi qu'il apporte
dans ses conventions. Mais il ne faudrait pas
qu'il en fût dupe. Telle est la raison pour laquelle il stipule que, les délais de grâce étant
expirés, l'effet de l'assurance est suspendu, et
que « la Compagnie se réserve le droit de ré-
« silier la police, au moyen d'une simple no-
« tification par lettre recommandée, ou d'en
« poursuivre judiciairement l'exécution. »
En cela, l'assureur ne fait qu'user de la
faculté qui lui est concédée par l'art. 1184
du C. C. Aux termes de ce texte, « la condition

« résolutoire est toujours sous-entendue dans
« les contrats synallagmatiques, pour le cas
« où l'une des parties ne satisfera point à son
« engagement..... — La partie envers laquelle
« l'engagement n'a point été exécuté a le
« choix ou de forcer l'autre à l'exécution de la
« convention, lorsqu'elle est possible, ou d'en
« demander la résolution avec dommages et
« intérêts..... »

La Compagnie pourrait se prévaloir rigoureusement de ces dispositions législatives ; car, ainsi que nous l'avons expliqué, son contrat est synallagmatique. Elle préfère adopter un moyen terme, favorable aux assurés, afin qu'ils ne perdent pas en un instant, s'ils sont de bonne foi, les bénéfices de la garantie. Quinze jours suffisent bien à réunir les fonds nécessaires au payement d'une prime presque toujours modique. Au delà de ce délai, il n'y a place que pour la mauvaise volonté ou, tout au moins, une négligence excessive. L'assuré n'a pas un motif plausible à invoquer pour différer indéfiniment l'exécution de ses obligations. Néanmoins, la Compagnie, qui serait fondée à demander des dommages et intérêts, se contente de suspendre ses engagements contre le débiteur récalcitrant, sauf à le poursuivre et à lui notifier la résiliation du contrat, si les circonstances l'exigent.

Dans la plupart des cas, l'assuré n'aura qu'à payer sa prime pour que les obligations de son cocontractant soient remises en vigueur. Mais pourquoi la police ne reprend-elle son effet que le lendemain, à midi, du jour où ce payement a été fait à la Compagnie et accepté par elle ? C'est afin de déterminer le laps de temps pendant lequel la convention est sans force à l'égard des engagements de l'assureur. Si celui-ci ne s'était pas expliqué avec tant de netteté, les interprétations vicieuses n'eussent pas manqué de se produire.

Supposons, ce qui n'est pas impossible, qu'un sinistre arrive après l'expiration des délais de grâce et qu'il coïncide avec le payement de la prime arriérée. La période de suspension de la garantie n'étant pas strictement délimitée, l'assuré invoquerait le payement effectué de bonne foi pour prétendre : « que « l'exécution de ses obligations a remis en « vigueur celles de son assureur ; que le con- « trat, par sa nature même, ne peut présenter « dans son effet aucune solution de conti- « nuité ; qu'il doit être entièrement valable

« ou nul ; et que la Compagnie, en recevant
« la prime sans réserve, ayant reconnu la con-
« vention comme bonne, ne saurait la consi-
« dérer comme mauvaise lorsqu'il s'agit de
« payer une indemnité. »

Or, des difficultés de cette nature ne peuvent pas surgir en présence des dispositions
précises de la clause suspensive. C'est pour
écarter l'ombre même de l'ambiguïté dans une
question si importante que notre art 10 ajoute :
« Il est bien entendu que le payement de la
« prime échue, effectué pendant ou après l'in-
« cendie, ne donne à l'assuré aucun droit à
« une indemnité. »

On a élevé la prétention de considérer, à certains égards, comme lettre morte, la stipulation « qu'à défaut de payement de l'une des
« primes dans le délai fixé, l'effet de l'as-
« surance est suspendu sans qu'il soit be-
« soin d'aucune demande ou mise en de-
« meure. »

Le fait, par un assureur, d'avoir habituellement présenté au domicile de l'assuré les
quittances échues, modifierait la convention
originaire, rendrait les primes *quérables* de *por-
tables* qu'elles étaient et mettrait le garant dans
l'obligation d'établir le refus de payement par

son débiteur ainsi que de le constituer en retard. La mise en demeure devrait être faite dans les termes de l'art. 1139 et ne pourrait résulter que d'une sommation ou d'un acte équivalent, tel qu'un appel en justice de paix par exemple.

La jurisprudence a plusieurs fois varié sur la question. En 1875, la Cour de cassation a reconnu que la clause dont il s'agit est licite, « la signature, apposée par les contractants « au bas de la police, impliquant de leur part « la connaissance et l'approbation de toutes « les stipulations qu'elle contient. »

Ceci admis, ce n'est qu'en employant des artifices d'argumentation qu'on pourrait punir l'assureur de la condescendance dont il aura fait preuve en présentant ses quittances au domicile des assurés. Le garant qui tente une pareille démarche agit dans l'intérêt exclusif de ses débiteurs. Il ne la fait jamais qu'après l'expiration du délai de grâce accordé aux assurés ; et s'il déroge au principe de la portabilité c'est seulement lorsque déjà l'effet de la garantie est suspendu. On ne voit pas, dès lors, comment, au regard de celui qui ne l'a pas exécuté, le contrat revivrait autrement que par le payement de la prime, ni, surtout, pourquoi la partie la plus diligente serait la moins protégée.

ART. 11. — La police d'assurance est rédigée d'après les déclarations de l'assuré, et les primes sont fixées, en raison de ces déclarations, conformément aux tarifs en vigueur.

L'assuré doit déclarer et faire mentionner sur sa Police, si les objets assurés lui appartiennent en totalité ou en partie; s'il est usufruitier, créancier, locataire, commissionnaire, administrateur, mandataire, acquéreur ou vendeur à réméré, et, généralement, en quelle qualité il agit; si les bâtiments assurés sont construits sur le terrain d'autrui, s'il sont contigus à des bâtiments couverts en bois ou en chaume, à une usine, fabrique ou théâtre ou à des établissements contenant des marchandises ou produits d'une espèce dangereuse; le tout sous peine de n'avoir droit, en cas d'incendie, à aucune indemnité.

L'économie de l'assurance varie avec les droits que le garanti s'attribue sur les objets qu'il fait couvrir. Les droits du propriétaire ne sont pas ceux de l'usufruitier, du créancier, du locataire, etc. Néanmoins, ceux-ci pouvant se croire autorisés par des raisons particulières à agir au lieu et place du propriétaire, soit comme mandataires, soit comme gérants d'affaires (*negotiorum gestor*), qu'arriverait-il si les qualités de l'assuré n'étaient pas expressément définies ? — En cas de sinistre, les intéressés se heurteraient à des droits confus d'où il serait presque impossible de se dégager.

Cette incertitude pourrait même entraîner des complications d'un autre genre si par exemple le propriétaire, n'ayant pas connaissance d'une assurance souscrite en son nom sur les objets qui lui appartiennent, les faisait garantir directement. L'incendie venant à se produire, on se trouverait en présence de deux contrats et souvent de deux assureurs. De là une compétition d'intérêts qui donnerait lieu nécessairement à des contestations. Pour les éviter, au moins dans un cas spécial, les bons assureurs ne souscrivent aucun contrat avec le créancier du propriétaire sans faire la réserve suivante : « La présente police n'a « d'effet que si les objets y désignés n'ont pas « été assurés directement par le propriétaire « ou s'ils ne l'ont été que pour une somme « insuffisante, ou enfin si l'assurance faite par « ce dernier est devenue caduque. »

Il serait désirable, à notre avis, que cette restriction fût faite dans tout contrat d'assurance souscrit au profit d'un propriétaire par une personne qui n'aurait pas pouvoir à cet effet.

Il est non moins utile de s'expliquer lorsque les objets proposés à l'assurance sont soumis à la faculté de réméré. A ce point de vue, la propriété présente des conditions d'instabilité dont il faut se préoccuper.

Aux termes de l'art. 1659 du C. C., la faculté de *rachat* ou de *réméré* est un pacte par lequel le vendeur se réserve de reprendre la chose vendue, moyennant la restitution du prix principal et le remboursement de certains frais énumérés dans l'art. 1673, (*loyaux coûts de la vente, réparations nécessaires, réparations augmentant la valeur*). Cette faculté ne peut être stipulée pour un terme excédant *cinq* années (art. 1660 C. C). Mais pendant cinq ans, l'acquéreur à réméré se trouve dans le cas d'être dessaisi des objets dont il n'est pas propriétaire incommutable. Si, ayant fait ce qu'on appelle une bonne affaire, il pressentait la demande en rachat, pourrait-il résister à la tentation de conserver *per fas et nefas* les bénéfices que le réméré lui enlèverait? Ne chercherait-il pas à faire de son assurance une spéculation criminelle?.... La Compagnie soucieuse de ses intérêts, qui sont d'ailleurs ceux du public, doit se préoccuper de toutes les circonstances susceptibles de troubler la sécurité de ses opérations. C'est pourquoi le garant agit avec sagesse en exigeant que le pacte de réméré lui soit signalé.

L'assuré est tenu, en outre, de déclarer si les bâtiments garantis sont construits sur le terrain d'autrui. Ce point spécial rentre indirectement dans la définition des qualités en même temps qu'il affecte le degré de gravité des risques.

Lorsque des bâtiments ont été élevés sur le terrain d'autrui, ils sont presque toujours légers de construction et, dès lors, peu propres à résister à l'action du feu. C'est une considération d'un grand intérêt puisqu'elle doit influer sur l'appréciation et la décision de l'assureur.

Du reste, il est de principe que les constructions appartiennent au propriétaire du terrain sur lequel elles sont établies, quand même elles ont été édifiées aux frais d'un *tiers* et avec les propres matériaux de ce *tiers* : « *Quod solo inœdificatur solo cedit.* » Leur incorporation au sol constitue une *accession*, et l'accession est un mode d'acquérir (art. 546 C. C.) Or, il est évident que, dans l'espèce, personne ne fera des dépenses de construction sans se réserver certains avantages, certains bénéfices susceptibles d'amoindrir les droits du propriétaire du sol au cas où le bâtiment assuré viendrait à être endommagé par le feu. Il y a bien sur ces constructions un droit de propriété, mais un droit mal défini et qui, comme tel, pourrait engendrer un conflit d'intérêts entre le maître du sol et le tiers qui a fait édifier le bâtiment. Une confusion dans les qualités est donc à prévoir ici, et à éviter. A qui doit revenir l'indemnité représentative des dommages d'incendie ? Doit-elle être répartie entre les intéressés ? — Questions qui peuvent comporter des réponses toute différentes, selon les termes des conventions intervenues entre le propriétaire du terrain et celui qui a fait élever les constructions. Mais ces conventions, l'assureur n'a aucun moyen de les connaître lorsqu'il souscrit la police. Il est dans le doute. Pour couper court aux complications dont il pourrait avoir à souffrir, il doit faire des réserves dans son contrat, et stipuler notamment que le payement de l'indemnité sera subordonné à l'adhésion collective des parties ayant des droits sur les constructions.

En résumé, les déclarations exigées par l'article 11 ont pour but d'écarter de la garantie toute cause d'erreur ou d'incertitude. S'il se trouve que le contrat est entaché de ces vices, ce ne pourra pas être le fait de l'assureur. L'assuré sera seul répréhensible. Seul aussi, il devra supporter les conséquences. Pour le mettre sur ses gardes, la Compagnie stipule, à titre de sanction, que le contrevenant n'aura droit, en cas d'incendie, à aucune indemnité. Il est à peine nécessaire de dire que cette sanction, très-équitable en fait, est également très-admissible en droit. C'est la « *clause pénale* » que l'on peut insérer dans les conventions pour garantir l'exécution des obligations consenties (art. 1226 et suivants C. C.) En souscrivant une police, l'assuré s'engage non-seulement à payer la prime, mais encore à exécuter les obligations qui lui sont imposées par les conditions générales. Celles-ci peuvent, en conséquence, comporter une « *clause pénale.* »

Art. 12. — *Si l'assuré a souscrit antérieurement à la date de la présente Police, ou s'il souscrit postérieurement, à d'autres Compagnies mutuelles ou à primes fixes, des assurances sur les mêmes objets, il est tenu de le déclarer et de faire constater sa déclaration par un avenant.*

L'assuré doit, si la Compagnie l'exige, justifier de l'assurance déclarée par la production de son titre.

Ces prescriptions ont pour objet de délimiter, en cas de sinistre, la responsabilité du garant. Il est facile de faire ressortir leur importance.

Nous avons déjà expliqué théoriquement ce qu'il faut entendre par la « *double assurance,* » et nous avons insisté sur la situation vicieuse qu'elle engendre. Lorsqu'une personne confie les mêmes risques à des assureurs distincts et en totalité à chacun d'eux, la première convention est seule valable ; les autres sont nulles soit parce qu'elles sont *sans cause,* soit parce qu'elles reposent sur une *fausse cause* (art. 1131 C. C.).

Si les assurés n'étaient pas tenus de faire les déclarations prescrites par l'art. 12 des conditions, il arriverait dans la pratique que les vices d'un contrat pourraient passer inaperçus. Chaque garant, en agissant isolément, dédommagerait entièrement son client. Celui-ci, ayant payé des primes à *plusieurs* assureurs, se croirait peut-être autorisé à recevoir *plusieurs* indemnités. Il réaliserait ainsi des bénéfices. Ce serait le renversement des principes moraux qui arrêtent la spéculation et sur lesquels nous nous sommes déjà prononcé.

Des garanties cumulatives pourraient même, sans avoir les caractères de la *double assurance*, produire des résultats presque aussi déplorables. Quelques chiffres en feront foi. Un propriétaire possède une maison valant 30,000 fr. Il fait garantir sur cet immeuble 20,000 fr. par un premier assureur et parcille somme par un second, en tout 40,000 fr. Il n'y a pas double assurance. Le deuxième contrat n'est pas nul. Un sinistre survient. Les pertes sont fixées à 10,000 fr. Le propriétaire de la maison dit à chacun de ses garants : « Vous assurez contre l'incendie les deux tiers de la valeur de mon immeuble ; vous devez, par conséquent, m'indemniser des deux tiers des dommages, soit me payer environ 6,666 fr. » Que l'un et l'autre assureur n'aient pas connaissance de la garantie cumulative, ils s'exécuteront. Et, pour une perte de 10,000 fr., l'assuré touchera une somme de 13,332 fr. Il réalisera un *gain* de 3,332 francs.

On voit que, dans ce cas comme dans le

précédent, le danger est réel. Pour le combattre, il ne fallait rien moins que les dispositions prudentes de notre article. L'assuré connaît l'obligation qui lui est imposée. Il n'aura pas la témérité de l'enfreindre, car la sanction écrite dans la partie finale de l'article 17, que nous aurons à examiner, achève de fermer la porte à toute tentative de fraude.

L'assuré est prévenu que, s'il ne faisait pas les déclarations prescrites, il s'exposerait à ne recevoir aucune indemnité. Il sera assez soucieux de ses intérêts pour ne pas se placer, de propos délibéré, sous le coup d'une déchéance qui laisserait à sa charge la totalité des dommages. Il signalera aux assureurs les garanties cumulatives ; et il s'en fera donner acte, sauf à produire ses titres s'il en est requis.

Concluons ! *Lorsqu'on souscrit un contrat avec un assureur pour des risques déjà couverts par un autre, il faut déclarer : à celui-ci, la nouvelle assurance ; et à celui-là, la garantie première en date.* Faute de s'être conformé à ces prescriptions, le sinistré n'aurait droit à aucune indemnité.

ART. 13. — *En cas de décès de l'assuré, la Police continue de plein droit, en faveur des héri-*

tiers, qui sont tenus solidairement au payement des primes.

En cas de vente ou de donation des objets assurés, le vendeur ou le donateur est tenu d'imposer au nouveau propriétaire l'obligation de continuer la Police, ou de payer à la Compagnie, outre les primes échues, une indemnité égale à une année de prime, à titre de dommages-intérêts.

En cas de décès, de vente ou de donation, les héritiers ou nouveaux propriétaires doivent déclarer leurs qualités dans le délai de deux mois à dater du jour du décès, de la vente ou de la donation, et demander acte de leur déclaration par un avenant.

En cas de liquidation de Société, de suspension de payement ou de faillite, l'assuré ou les ayants droit sont tenus de déclarer, dans le délai d'un mois, la liquidation, suspension ou faillite, et de demander acte de leur déclaration par un avenant.

— « En cas de décès de l'assuré, la police « continue de plein droit en faveur des héri-« tiers... » Il faut distinguer. L'héritier *qui accepte* la succession est tenu d'exécuter le contrat consenti par son auteur. En effet, aux termes de l'art. 724 du C. C., l'héritier est soumis à « l'obligation d'acquitter toutes les

« charges de la succession. » L'héritier *sous bénéfice d'inventaire* doit également continuer l'assurance , mais seulement pour le temps pendant lequel il conserve l'administration des biens de la succession (art. 802 et 803 C. C.) Que si, après inventaire, l'héritier accepte la succession, il rentre dans la position prévue ci-dessus. Il suivra la loi de la police jusqu'à l'expiration de l'assurance. Enfin, l'hoir qui *renonce* à la succession étant « censé n'avoir « jamais été héritier, » l'assureur ne peut le contraindre à observer les conventions qui avaient été souscrites par le défunt (article 785 C. C.)

Dans cette matière, il convient d'assimiler, à l'héritier qui accepte ou qui renonce, le légataire universel et le légataire à titre universel, puisque ceux-ci sont tenus des dettes et charges de la succession du testateur (article 1012 C. C.).

Tels sont les conséquences du décès de l'assuré et le sens dans lequel doit être interprétée la clause qui prévoit le cas.

La situation est plus simple lorsque le propriétaire des objets garantis s'en dessaisit par *vente* ou par *donation*. Il serait contraire à toutes les règles des contrats que l'une des parties pût se soustraire à ses engagements sans l'aveu de l'autre. A peine est-il besoin de faire remarquer que les causes d'extinction des obligations sont spécialement désignées par la loi, et que la vente et la donation n'y figurent pas (art. 1234 C. C.).

L'aliénation des objets affectés par des obligations est, à la vérité, susceptible d'engendrer une *novation* ; mais la novation ne peut s'opérer sans le consentement du *créancier* (art. 1275 C. C.). Or, dans l'espèce, et vis-à-vis de l'assuré, le créancier c'est l'assureur. L'adhésion de celui-ci est donc indispensable. Il use de son droit d'intervenir, en stipulant que « le vendeur ou le donateur est tenu d'impo-
« ser au nouveau propriétaire l'obligation de
« continuer la police, ou de payer à la Com-
« pagnie, outre les primes échues, une indem-
« nité égale à une année de prime, à titre de
« dommages-intérêts. »

Cette disposition est encore favorable à l'assuré, car, en droit, il se trouverait, si l'acquéreur ou le donataire ne continuait pas l'assurance, dans la position des débiteurs dont les obligations ne sont ni *éteintes* ni *novées*. Il aurait à subir les effets du contrat qu'il a consenti, c'est-à-dire à payer non-seulement les primes échues, — ce qui va de soi, — mais toutes les primes postérieures, au fur et à mesure de leur échéance.

Qu'arriverait-il si l'assuré, ayant imposé l'obligation dont il s'agit, le nouveau propriétaire refusait de s'y conformer après y avoir adhéré? Il ne peut être directement contraint par l'assureur, car pour celui-ci la donation ou la vente et tous les engagements accessoires sont « *res inter alios acta.* » Le garant ne saurait invoquer un acte auquel il est complétement étranger. Mais il a le droit de demander des dommages et intérêts au vendeur ou au donateur. Muni de sa police, l'assureur attaquera donc l'assuré qui s'est dessaisi. Le défendeur, s'appuyant sur les conditions de la vente ou de la donation, appellera en cause le nouveau propriétaire. Et l'action se dénouera d'elle-même.

L'assureur ne peut, du reste, introduire sa demande que *deux mois* révolus après la mutation, attendu que, par une disposition spéciale de notre article, ce laps de temps est imparti aux nouveaux propriétaires pour déclarer leurs qualités. Le même délai est accordé aux héritiers pour déclarer le décès de leur auteur.

Les conditions, dont nous venons de faire

ressortir l'utilité, n'étaient pas les seules que l'assureur dût exiger. Il en est d'autres qui sont non moins essentielles, parce qu'elles se rapportent à des faits assez graves pour altérer l'économie du contrat. Telles sont les liquidations de société, les suspensions de payement et les faillites.

Dans la première de ces situations, le crédit des assurés est souvent ébranlé. Dans les deux dernières, il est détruit. L'assureur a des raisons de redouter l'inexécution des obligations de la police. C'est une éventualité contre laquelle il est nécessaire qu'il puisse se mettre en garde. Dans ce but, il veut que l'assuré ou les ayants droit déclarent dans le délai *d'un mois* la liquidation, la suspension de payement ou la faillite.

Pour obliger les intéressés à faire les déclarations que nous venons de développer, il fallait y donner une sanction. C'est encore celle de l'art. 17, qui était tout naturellement indiquée. Les contrevenants n'auront « droit, « en cas d'incendie, à aucune indemnité. »

ART. 14. — *Avant de transporter les objets assurés dans d'autres lieux que ceux désignés par la Police;*

Avant de transférer l'effet de l'assurance des risques locatifs et du recours des voisins d'un lieu à un autre ;

L'assuré est tenu de le déclarer à la Compagnie, de faire constater sa déclaration par un avenant et de payer, s'il y a lieu, une augmentation de prime.

Ces dispositions sont destinées principalement à sauvegarder l'application du rapport proportionnel qui doit exister entre le *quantum* de la prime et la gravité des risques.

Un assureur garantit des mobiliers dans une maison d'habitation qui, par la nature de sa construction, ne présente que des risques d'incendie peu redoutables. La prime qu'il fait payer est modique. Mais l'assuré transporte ses meubles dans une usine de produits chimiques. Les risques, d'insignifiants qu'ils étaient, sont devenus dangereux. Serait-il juste que la prime restât la même ? — Personne n'oserait le soutenir.

Il est donc de toute équité que le rapport proportionnel dont nous avons parlé, s'il a été rompu, puisse être rétabli. Le transfert peut, en outre, réunir en agglomération plusieurs assurances d'abord distinctes. Or, il faut que la Compagnie soit mise en mesure d'apprécier s'il est nécessaire qu'elle réduise les risques dont le nouvel état des choses l'a surchargée. Quant à la déclaration, l'obligation de la faire doit nécessairement incomber à l'assuré, puisque c'est lui qui prépare et accomplit l'action par laquelle l'économie de la garantie sera modifiée. L'assureur ne saurait, d'ailleurs, surveiller les risques sur lesquels portent ses nombreux contrats, ni, par conséquent, connaître les modifications à y apporter, si l'assuré n'était tenu de les lui signaler ou s'il omettait de remplir cette formalité.

La déclaration du transfert des risques doit être faite *antérieurement* à l'opération. Il y a pour l'intéressé un grand avantage à se renfermer dans les termes de cette prescription. Si la mutation n'était déclarée qu'après le fait accompli, le garant consentirait sans doute à régulariser son contrat. Mais il faut prévoir le cas où un sinistre frapperait les risques pendant le temps compris entre le moment du transfert et l'instant de la déclaration.

Ii s'agit, par exemple, de transporter des mobiliers d'une maison dans une autre qui en est éloignée. Les meubles sont chargés sur des voitures. On est en route. L'incendie s'allume,

Tout brûle. L'assureur est-il responsable? — Non, car sa police garantit les mobiliers dans une maison désignée ; c'est-à-dire qu'*à contrariò* il ne les couvre pas en plein air, dans des voitures, sur des chemins. Il ne les assure pas, en un mot, *à l'extérieur* des bâtiments indiqués dans le contrat. Le même raisonnement s'impose à l'hypothèse où, le transfert s'étant effectué sans accident, les meubles auraient été brûlés dans la nouvelle maison qui les avait reçus.

Si, au contraire, la déclaration a été faite et acceptée avant le déplacement, l'assuré pourra être à couvert, alors même que le sinistre surviendrait pendant le voyage. Du moment où le garant a été régulièrement prévenu et où il a donné acte de la mutation *sans réserve pour le temps du voyage*, sa responsabilité est possible. Il sait que le transfert des mobiliers d'un lieu à un autre occasionne un séjour en plein air. Cette éventualité a dû entrer dans ses prévisions, et s'il n'a fait aucune restriction en délivrant l'avenant, il est exposé à subir les conséquences d'une garantie pleine et entière.

Faute de s'être conformé aux obligations qui lui sont imposées par notre article, l'assuré *n'aurait droit, en cas de sinistre, à aucune indemnité* (Sanction résultant de l'art. 17 des conditions).

ART. 15. — *Avant de modifier, en rien, les bâtiments assurés ou renfermant les objets assurés ;*

Avant d'établir dans ces bâtiments une fabrique, usine, profession ou manipulation quelconque ;

Avant d'y introduire des denrées, marchandises, ou objets d'une nature autre que ceux compris dans l'assurance ;

L'assuré est tenu de le déclarer, de faire constater sa déclaration par un avenant et de payer le supplément de prime applicable, d'après le tarif, à la nouvelle situation des choses.

ART. 16. — *Si c'est dans la propriété contiguë à celle assurée que surviennent les modifications prévues par l'article qui précède ou tous autres changements quelconques de nature à augmenter les chances d'incendie, l'assuré est tenu d'en faire la déclaration à la Compagnie, au plus tard dans le mois, et de payer, s'il y a lieu, une prime additionnelle.*

Les conditions qui ont dicté l'art. 14, étant aussi celles qui ont inspiré les dispositions des art. 15 et 16, il n'est pas utile d'entrer dans de grands développements. Il suffit d'expliquer comment certaines modifications, qu'on pourrait croire insignifiantes, sont de nature à aggraver les risques de l'assureur. Supposons qu'il garantisse un bâtiment d'habitation contigu à une usine, mais séparé par un gros mur dans lequel ne se trouve *aucune ouverture*. Si un incendie se déclare dans l'usine, il y a des chances pour que la maison contiguë, protégée par le gros mur, puisse être préservée du feu. Mais que, par un motif quelconque, des ouvertures aient été pratiquées dans le mur, les flammes pourront pénétrer facilement par ces issues dans le bâtiment d'habitation dont les risques auront été, ainsi, aggravés. Les dangers d'incendie seront encore plus grands si un bâtiment, garanti comme maison d'habitation, a été converti en fabrique.

C'en est assez pour autoriser l'assureur à interdire à l'assuré de modifier les risques avant de le lui avoir déclaré. Il n'est pas moins fondé à faire des réserves pour les « denrées, marchandises ou objets d'une na- « ture autre que ceux compris dans l'assu- « rance. » N'est-il pas nécessaire que le garant soit mis à même d'apprécier si l'introduction de telles denrées ou marchandises n'aggrave pas les risques dont il s'est chargé !

Cette restriction ne saurait évidemment s'étendre aux objets mobiliers qui sont susceptibles de varier, soit dans la quantité, soit dans l'espèce. Un assuré ayant vendu une partie ou même la totalité de ses meubles, et les ayant remplacés par d'autres, il serait absurde de prétendre que le nouveau mobilier n'est point garanti parce qu'il n'est pas identiquement le même que celui dont l'existence avait été constatée au moment de la souscription du contrat. Sur de semblables risques, l'assurance n'est pas spéciale ; elle doit porter indistinctement sur les objets de même nature qui pourront exister.

Toutes les déclarations prévues par l'art. 15 seront faites *antérieurement* aux modifications qui les justifient. Au contraire, le garant accorde un délai d'un mois à l'assuré, lorsque c'est dans la propriété contiguë que surviennent des changements (art. 16 des conditions).

Cette différence a sa raison d'être. Dans le premier cas, l'assuré connaît d'avance les modifications, puisque c'est lui qui les projette avant de les faire exécuter. Dans le second cas, l'assuré peut les ignorer pendant un certain temps et n'en être instruit qu'après leur réalisation.

Comme les précédentes, les prescriptions qui nous occupent sont obligatoires, sous peine, pour l'assuré, de n'avoir « droit, en « cas d'incendie, à aucune indemnité. » La sanction que nous retrouvons ici est encore celle de l'art. 17. Nous y arrivons.

Art. 17. — Lors des déclarations prescrites par les articles 12, 13, 14, 15 et 16, la Compagnie se réserve le droit de résilier la Police par une simple notification ou par une lettre recommandée, et les primes échues et celles payées, même sous escompte, lui demeurent acquises.

Faute de ces déclarations dans le délai voulu et de leur mention sur la Police ou dans un avenant, l'assuré, ses représentants ou ayants cause n'ont droit, en cas d'incendie, à aucune indemnité.

Les art. 12, 13, 14, 15 et 16 des conditions générales ordonnent aux assurés de faire des déclarations, auxquelles est subordonnée la validité de la garantie; car il n'y a pas une des mutations, additions ou modifications à signaler par l'assuré, qui ne puisse soit altérer la cause ou l'objet du contrat primitif, soit vicier le consentement initial.

L'assureur pourrait-il être tenu d'accepter,

dans tous les cas, les déclarations dont il s'agit et d'en donner acte ? En d'autres termes, lorsque l'assuré a rempli les obligations qui lui sont imposées, le contrat devrait-il suivre son cours, nonobstant la volonté contraire du garant ?

Pour résoudre la question, il suffit de ne pas perdre de vue que le contrat d'assurance résulte d'un concours de volontés, qui repose sur l'appréciation des risques et engendre le consentement sans lequel aucune convention ne saurait être formée. Or, lorsque les objets garantis sont déplacés, transformés ou modifiés, l'appréciation des risques est nécessairement remise en question. Par suite, la cause du consentement que l'assureur a donné dans le principe, est altérée : ce qui revient à dire que le consentement lui-même ne s'applique pas au nouvel état des choses.

Il ressort de là, qu'indépendamment de toute clause restrictive, l'assureur est, dans les espèces qui nous occupent, dégagé de son contrat, et qu'il faut qu'une autre convention soit *consentie* ou que tout au moins l'ancienne soit *confirmée*. Cette situation rentre dans le droit [commun. Elle a pour conséquence de rendre à l'assureur sa liberté d'action. Il ne saurait être tenu d'accepter une garantie autre que celle dont la police a déterminé les conditions. Tout fait qui, émanant de l'assuré ou d'un tiers, est de nature à modifier l'assiette du contrat, doit être déclaré à l'assureur. Et celui-ci ne sera obligé à nouveau que s'il y *consent*. En se réservant en pareille occurrence la faculté « *de résilier la police par une simple noti-* « *fication ou par une lettre recommandée,* » il n'a fait que poser un des principes de droit qui régissent les conventions.

Dans le cas de résiliation, *les primes payées, même sous escompte*, demeurent acquises à l'assureur, et il a droit aux *primes échues*. Les risques ont été à sa charge aussi longtemps que les contrats sont restés en vigueur. Il n'est que juste qu'il conserve le prix de sa garantie, ou qu'il puisse en poursuivre le payement, s'il est exigible.

Ces dispositions ont une analogie remarquable avec celles du Code de commerce lorsqu'il prévoit les modifications qui pourraient être apportées aux risques. L'art. 351 dit : « Tous changements de route, de voyage ou « de vaisseau... ne sont point à la charge de « l'assureur ; et même *la prime lui est acquise* « *s'il a commencé à courir les risques.* »

L'assureur terrestre s'est borné à faire passer ce texte dans ses conditions, en l'appropriant aux caractères généraux de ses contrats et à la nature de ses opérations.

Par une autre assimilation, le garant est en droit, s'il ne préfère appliquer purement et simplement l'art. 17 des conditions, de demander caution à l'assuré dans le cas spécial de faillite (art. 346 C. de C.).

Nous n'avons pas à insister sur la sanction qui place sous le coup d'une déchéance l'assuré dont les déclarations n'ont pas été faites ni constatées dans les formes voulues. Ce n'est pas autre chose qu'une nouvelle application de la « *clause pénale,* » dont nous avons expliqué l'origine et le but, à l'art. 11.

Art. 18. — *Toute réticence, toute fausse déclaration de la part de l'assuré, qui diminueraient l'opinion du risque ou en changeraient le sujet, annulent l'assurance.*

L'assurance est nulle, même dans le cas où la réticence ou la fausse déclaration n'aurait pas influé sur le dommage ou la perte de l'objet assuré (Code de Commerce, *art.* 348).

Ces dispositions se justifient d'elles-mêmes. La réticence et la fausse déclaration ne peuvent se concevoir sans être liées à une présomption de fraude. Elles sont l'indice d'une mauvaise foi, contre laquelle l'assureur ne doit pas rester désarmé. Il n'y aurait en cette matière aucune sanction plus légitime que ne l'est la *nullité* de l'assurance. Ici, les conditions sont la copie du Code de commerce.

La loi ne définissant pas la *réticence*, l'appréciation souveraine des faits qui la constituent est confiée à la sagesse des tribunaux. Mais qu'il nous soit permis de dire que, d'après nous, *la réticence est l'omission de certains détails touchant la chose et qui, s'ils avaient été signalés, auraient pu modifier l'opinion que l'assureur s'est faite des risques.*

Nous croyons qu'il n'y a aucune distinction à établir entre les réticences qui ont eu lieu au moment de la souscription du contrat, et celles qui résultent d'actes postérieurs ; attendu qu'elles peuvent influer, dans un cas comme dans l'autre, sur l'appréciation des risques.

SECTION III.

POSITIONS RESPECTIVES DE L'ASSUREUR ET DE L'ASSURÉ EN CAS DE SINISTRE.

ART. 19. — *Aussitôt que l'incendie se déclare, l'assuré doit employer tous les moyens en son pouvoir pour en arrêter les progrès et pour sauver les objets assurés.*

L'assuré doit, à l'instant même, donner avis de l'événement au siége de l'agence où la Police a été souscrite.

ART. 20. — *Immédiatement après l'incendie, l'assuré doit, à ses frais, faire sa déclaration devant le juge de paix du canton; cette déclaration indique l'époque précise de l'incendie, sa durée, ses causes connues ou présumées, les moyens pris pour en arrêter les progrès, ainsi que toutes les circonstances qui l'ont accompagné; elle indique encore la nature et la valeur approximative du dommage. Une expédition en forme en est transmise, sans délai, au siége de l'agence.*

Les dispositions de l'art. 19 sont intéressantes à plus d'un titre. Celles qui prescrivent à l'assuré d'employer tous les moyens en son pouvoir, pour arrêter les ravages du feu, sont d'ordre public. Il est hors de doute qu'indépendamment d'une clause obligatoire, toute personne doit, dans la mesure de ses forces et de ses moyens, combattre le feu. Mais cette tâche peut être remplie plus particulièrement par les propriétaires et les locataires des bâtiments où l'incendie se déclare. Il ne faudrait très-souvent qu'une action immédiate pour maîtriser le sinistre ; et, dans la plupart des cas, la présence de l'assuré au foyer du feu le met à même d'exercer mieux que quiconque cette action prompte et décisive. Qu'il y songe ! S'il était établi qu'il s'est abstenu volontairement de lutter contre les flammes, le Parquet pourrait s'en émouvoir. Il y aurait presque, dans la preuve d'une inertie persistante, les éléments d'une inculpation d'incendie.

Sans aller, d'ailleurs, jusqu'à prévoir une culpabilité problématique, il n'était pas inutile que l'assureur rappelât à ses clients un principe supérieur devant lequel tout le monde doit s'incliner ; et qu'il en fît un article de ses conditions.

Lorsque le sinistre se produit, les obligations de l'assureur sont dégagées de *l'alea*. Elles doivent recevoir l'exécution qu'elles comportent. C'est par une conséquence logique de cette situation nouvelle, que le garant prescrit à l'assuré de donner à l'instant même « avis de l'événement au siége de « l'agence où la police a été souscrite. » Il importe, en effet, que l'assureur soit immédiatement mis en mesure de se rendre compte *de visu* des causes et des résultats de l'incendie. Il convient également qu'il puisse, au besoin, prendre rapidement toutes les précautions nécessaires pour conserver les objets sauvés et pour préserver d'une destruction complète ceux qui n'ont été qu'endommagés. Puisque c'est lui qui doit supporter les pertes, il est dans son rôle de tenter tout ce que ferait un « bon père de famille » pour défendre sa propriété ; et il faut surtout qu'il agisse avec célérité.

Ainsi : il garantit une maison. Le feu prend dans les parties hautes de la construction. Il détruit la couverture et endommage des plafonds. L'assuré laisse les choses en l'état. Des pluies surviennent. L'eau s'infiltre dans les plafonds qui auraient pu d'abord être réparés à peu de frais et qui, cédant à l'humidité, vont s'effondrer. De là, des dommages plus importants, peut-être, que ceux qui ont été causés par l'action même du feu.

Mais si l'assureur a été prévenu immédiatement, il se sera transporté sur les lieux ; et, en prévision des pluies, il aura fait installer une couverture provisoire qui, si grossière qu'elle soit, empêchera l'infiltration des eaux. Il n'y aura pas à craindre que les dommages s'aggravent de jour en jour.

L'assuré a, du reste, tout intérêt à se hâter de porter le sinistre à la connaissance de son garant. Plus les délais seront abrégés, plus aussi l'époque du règlement des pertes sera rapprochée, et plus tôt, par conséquent, l'indemnité sera payée.

Les formalités, qu'aux termes de l'art. 20 l'intéressé doit remplir, ont pour but de le mettre directement en cause avant de passer à l'estimation des dommages. L'assuré, qui a voulu se décharger de ses risques en souscrivant une police, paraît être, jusqu'à plus amples informations, créancier de la somme à laquelle les dégâts seront évalués. Encore faut-il qu'il formule ses prétentions et qu'il les appuie des justifications susceptibles d'en démontrer la valeur. C'est à lui qu'il appartient de faire le premier pas dans la voie d'une sorte de procédure, dont le point de départ naturel doit être un acte présentant un certain caractère d'authenticité. Tel est le motif sur lequel l'assureur se fonde pour exiger que le sinistre soit constaté par une déclaration devant le juge de paix. L'intéressé affirme ainsi, sous sa responsabilité, le fait même de l'incendie, les circonstances y relatives et le montant approximatif des pertes.

Reçue par un magistrat, cette déclaration peut être présumée sincère au moins quant au fait accidentel qu'elle relate, — le sinistre. Cependant il ne faut pas perdre de vue qu'elle n'émane que de l'une des parties. L'assureur y est resté étranger. C'est dire qu'il a toujours le droit d'en critiquer la substance.

Les renseignements qui doivent être consignés dans l'acte en question ont leur importance. Pour le prouver, il suffit d'insister sur quelques points.

L'indication de l'« époque précise » à laquelle le sinistre est arrivé permet d'établir si la responsabilité du garant était engagée à ce moment-là. Un contrat a été signé le 1er janvier pour prendre son effet le lendemain à midi.

Le 2 janvier, de 8 heures à 11 heures du matin, les objets désignés dans la police sont détruits par les flammes. Lorsque l'incendie s'est terminé, les risques n'étaient pas encore à la charge de l'assureur. Il ne doit rien. Mais on voit qu'afin de *préciser* l'époque, il est indispensable d'indiquer quel jour et à quelle heure le feu s'est déclaré, quel jour et à quelle heure il a été éteint.

Signaler les causes et les circonstances n'est pas moins utile. Exemple : l'incendie a été occasionné par le *fait* d'un tiers, c'est-à-dire d'une personne qui n'est pas l'assuré ni aucun des individus placés sous sa responsabilité. Ou bien, les flammes qui ont consumé un immeuble ont pris naissance dans des appartements occupés par un locataire. Dans l'un et l'autre cas, l'assureur doit l'indemnité, mais sauf à exercer un recours en remboursement contre l'auteur du sinistre ou contre le locataire responsable. C'en est assez pour faire ressortir l'opportunité d'énoncer les causes de l'incendie et les circonstances qui l'ont accompagné. Nous reviendrons sur les situations que nous nous bornons actuellement à signaler.

Lorsque les dégâts sont insignifiants, l'assureur se contente parfois d'une déclaration devant le maire. Ce magistrat a-t-il qualité pour recevoir une telle déclaration et en donner acte ? — Oui, à notre avis, comme officier de police judiciaire et à défaut de commissaire de police (*à fortiori* des art. 9 et 11 du Code d'instruction criminelle). Néanmoins, la question peut être controversée.

ART. 21. — *L'assuré est tenu de fournir, dans la quinzaine du jour de l'incendie, l'état détaillé et estimatif, certifié par lui, des objets incendiés, avariés et sauvés.*

Il doit, en outre, justifier à la Compagnie ou à l'agent compétent, par ses titres, livres, factures et par tous les moyens et documents en son pouvoir, de l'existence · et de la valeur des objets assurés au moment de l'incendie, ainsi que de la valeur du dommage.

L'assuré qui exagère sciemment le montant des dommages, celui qui suppose détruits par le feu des objets qui n'existaient pas au moment du sinistre, celui qui dissimule ou soustrait tout ou partie des objets sauvés, celui qui emploie, comme justification, des moyens ou documents mensongers ou frauduleux, celui enfin qui a causé volontairement l'incendie des objets assurés, est entièrement déchu de tous droits à une indemnité, soit qu'il s'agisse d'immeubles, soit qu'il s'agisse d'objets mobiliers, et la Compagnie a le droit de résilier toutes les polices qu'elle a contractées avec le même assuré, soit par une notification extrajudiciaire, soit par une lettre recommandée.

ART. 22. — *Les dommages d'incendie sont réglés de gré à gré, ou évalués en suite d'enquête ou d'expertise contradictoire, par deux experts choisis par les parties, soit sur les lieux, soit ailleurs. Ils s'adjoignent, s'ils ne sont pas d'accord, un troisième expert; les trois experts opèrent en commun à la majorité des voix. Les parties peuvent exiger, respectivement, que le troisième expert soit choisi hors de l'arrondissement où réside l'assuré.*

Faute par l'une des parties de nommer son expert, ou par les experts de s'entendre sur le choix d'un troisième expert, il est désigné d'office, sur la requête de la partie la plus diligente, par le président du Tribunal de commerce et, à défaut, par le président du Tribunal civil de l'arrondissement où le sinistre a eu lieu.

Les experts sont dispensés de toute formalité judiciaire.

Chaque partie paye son expert; les frais de tierce expertise sont supportés par moitié entre la Compagnie et l'assuré.

Nous n'en étions qu'aux préliminaires du

règlement. Les art. 21 et 22 nous amènent au fond de la question. Ils sont très-explicites et très-détaillés.

Il est un principe que nous devons d'abord rappeler, parce que c'est dans le règlement du sinistre qu'il trouve son application. Il est souverain en cette matière. On ne saurait trop bien se pénétrer de la règle qui le résume : « L'assurance ne peut jamais être une cause « de *bénéfice* pour l'assuré ; elle ne lui garantit « que l'indemnité des pertes réelles qu'il a « éprouvées. »

Pour que cette règle soit respectée, il faut que la fixation des dommages repose sur les éléments d'une appréciation sincère. Comme titre probant, l'assureur n'a en main que son contrat ; et ce n'est réellement pas assez, car, si cette pièce établit qu'il doit, elle n'indique pas la quotité de la dette. Au contraire, l'assuré sait toujours ce qu'il possédait avant l'incendie. Il peut faire, soit de mémoire, soit au moyen de ses papiers, le dénombrement et l'estimation des objets qui ont été consumés. Or, ce sont là des données essentielles puisque, connaissant d'une part ce qui existait antérieurement au sinistre et d'autre part ce que le feu a laissé subsister, il est facile de déterminer les objets sur lesquels devront porter les évaluations.

Voilà pourquoi l'assuré est tenu de fournir l'état détaillé et estimatif des objets incendiés, avariés et sauvés ; et, en outre, de justifier par ses titres, livres, factures et par tous les moyens et documents en son pouvoir, de l'existence et de la valeur des objets garantis au moment de l'incendie, ainsi que de la valeur du dommage.

D'après ce qui vient d'être dit, on conçoit que l'assuré pourrait influer, par certains agissements, sur la délimitation des dégâts et que, s'il n'était pas de bonne foi, les intérêts de son garant seraient en danger.

Cette éventualité est à prévoir et l'assureur a dû prendre ses précautions. C'est ainsi qu'il déclare déchu de tous droits à une indemnité l'assuré qui cherche à le tromper en employant des manœuvres déloyales et qu'il se réserve la faculté de résilier les polices de ce même assuré. Il n'y avait pas à tirer une conclusion plus équitable des dispositions finales de l'art. 1134 du Code civil : « Les obligations « doivent être exécutées de bonne foi. »

Le garant applique également la déchéance à l'assuré qui a causé *volontairement* l'incendie.

Le cas avait été déjà prévu d'une manière très-générale par le Code pénal.

L'art. 22 des conditions donne à l'assuré la certitude que les pertes qu'il aura subies dans un sinistre seront estimées à leur juste valeur. Le montant des dommages est fixé, soit par un traité de gré à gré, soit par une expertise contradictoire.

Dans le premier mode, l'assuré discute personnellement son affaire. Il n'a rien à redouter, puisqu'il peut débattre ses intérêts. S'il n'arrive pas à s'entendre avec la Compagnie, il aura la ressource suprême d'en appeler à l'expertise, procédé de règlement qu'il faut, en résumé, préférer.

Le traité de gré à gré ne doit être employé que dans des occasions rares, lorsque les dégâts sont insignifiants ou faciles à évaluer. Il est subordonné, bien entendu, à l'assentiment réciproque des parties. Sa forme et les conditions de sa validité sont celles de l'acte sous seing privé qui contient des conventions synallagmatiques (art. 1325 C. C.). L'assureur fera bien d'exiger, dans la pratique, qu'on joigne au traité un état détaillé des pertes.

Mais l'expertise contradictoire est le règlement normal. Ses résultats portent en eux-mêmes la garantie de leur sincérité, puisque l'opération est faite par des personnes désintéressées. Aucune des parties ne saurait craindre d'être lésée volontairement, attendu qu'elle choisit son expert. L'essentiel, pour chacune d'elles, c'est de mettre ses intérêts en bonnes mains.

Les experts doivent faire leur travail en commun et sur le lieu du sinistre. S'ils ne tombent pas d'accord, ils sont autorisés, aux termes des conditions de l'assurance, à s'adjoindre un tiers. En cas de contestation, ce nouvel expert sera désigné par le Président du tribunal, à la requête de la partie la plus diligente (*à pari* de l'art. 1017 du Code de procédure).

L'assureur et l'assuré pourront encore, s'ils y consentent, recourir aux formalités de l'arbitrage, conformément aux art. 1003 et suivants du Code de procédure.

Ces explications n'ajoutent à peu près rien aux dispositions de l'art. 22 des conditions. L'assureur a pris la peine d'entrer dans tous les détails de l'opération. Il a voulu, après avoir défini les obligations qui naissent de son contrat, préciser leur mode d'exécution et prévenir ainsi toute critique inconsciente.

L'assuré conviendra qu'un règlement entouré de tant de garanties sérieuses doit inspirer la plus grande confiance.

Quant aux frais d'expertise, ils incombent aux parties, chacune en ce qui la concerne. Cette répartition va de soi.

En résumé, le dossier des pièces réglementaires d'un sinistre comporte généralement :

1° Lorsqu'il s'agit d'un traité de gré à gré : — une déclaration d'incendie, — un état détaillé des pertes, — un acte sous seing privé fixant l'indemnité ;

2° Lorsqu'il s'agit d'une expertise contradictoire : — une déclaration d'incendie, — un état détaillé et estimatif, certifié par l'assuré, des objets incendiés, avariés et sauvés, — un compromis portant la nomination des experts, — un procès-verbal d'expertise.

ART. 23. — *Les immeubles, abstraction faite de la valeur du sol mais y compris les caves et fondations, et les objets mobiliers, sont estimés d'après leur valeur vénale au moment du sinistre.*

Les matières, denrées et marchandises fabriquées sont évaluées au cours du jour du sinistre.

Les matières et marchandises en cours de fabrication sont évaluées, à l'état brut, au cours du jour, en y ajoutant les frais de fabrication faits jusqu'au jour de l'incendie.

En principe, l'assurance d'un bâtiment doit porter indistinctement sur tous les murs de l'édifice, qu'ils soient à l'air libre ou non. Sans doute, l'incendie épargnera plutôt les sous-sol que les parties supérieures. Mais il serait puéril de demander à l'assureur la garantie des parties de l'immeuble qui, en cas de sinistre, seront très-probablement brûlées, et l'exclusion pure et simple de celles qui ont des chances de rester intactes.

Au point de vue des risques d'incendie, une maison ne saurait être considérée que dans son ensemble. Ne serait-il pas absurde qu'on pût dire à l'assureur : « Telle portion de mon « bâtiment est endommagée; votre garantie « porte exclusivement sur cette portion; celle « qui est sauve n'était pas comprise dans les « capitaux de la police? »

Admettre de droit l'exclusion des fondations, ce serait autoriser l'assuré à faire, dans un cas spécial, ce raisonnement dérisoire qui ne supporte pas l'examen.

Il importe donc, à moins de conventions particulières, de comprendre, dans l'évalua-

tion des immeubles, les « caves et les fonda-
« tions, » c'est-à-dire toutes les constructions
qui, faisant partie de l'édifice, sont au-dessous
du sol.

On doit également, par analogie, faire figu-
rer dans l'estimation les parties d'un bâtiment
qui peuvent être baignées par un cours d'eau.
Il faut alors assimiler aux fondations les constructions qui se trouvent au-dessous du ni-
veau moyen des eaux.

Telles sont les règles fondamentales en
cette matière. L'assureur a établi ses tarifs
d'après la gravité du risque envisagé dans son
ensemble et non dans une partie quelconque.
Or, exclure de droit les fondations équivaudrait à n'imposer la prime qu'à une portion
de l'édifice ; en sorte que l'économie des tarifs
serait rompue. Expliquons-nous : le garant ne
demande par exemple que $1\ ^o/_{oo}$ sur une maison, parce qu'il a prévu que l'incendie laissera un certain sauvetage au moins dans les
fondations. Si on lui enlève le bénéfice éven-
tuel de ce sauvetage, l'assureur doit en bonne
justice avoir une compensation. Ce sera une lé-
gère augmentation de la prime. Elle ne sera pas
exagérée si elle est portée de $1\ ^o/_{oo}$ à $1,10\ ^o/_{oo}$.

Pour éviter toute contestation, il convient

de déclarer formellement dans le contrat les exclusions que, par exception, l'assureur a bien voulu admettre et les conditions auxquelles il les a consenties.

Mais sur quelles bases les experts établiront-ils leurs opérations ? — Comme matière assurable, un bâtiment peut être estimé de deux manières différentes.

Une maison aurait coûté comme prix de construction 20,000 francs. Elle a 50 ans d'existence au moment de l'incendie. On aura la valeur effective en appréciant la vétusté et en la déduisant du prix de construction. Il est évident que l'assureur ne doit pas payer une masure sur le même taux qu'un bâtiment neuf. Voilà donc une valeur *réelle*.

Dans le commerce ou pour la vente, une maison peut acquérir, d'après sa situation, sa disposition ou sa destination, une valeur supérieure au prix de construction. Ce sera la valeur de vente ou valeur *vénale*.

Le garant a pris pour base du règlement la valeur *vénale* au moment du sinistre. Sans critiquer ce choix puisqu'il est favorable aux assurés, nous pouvons constater qu'il entraînera parfois certains inconvénients. Ainsi : un bâtiment coûte, comme prix de construction,

20,000 francs. Par suite de circonstances quelconques, il acquiert une plus-value de 5,000 fr. Sa valeur vénale est de 25,000 fr. Si l'assuré a fait garantir une somme suffisante et que la destruction soit complète, touchera-t-il 25,000 fr? Non! car il réaliserait un *bénéfice*, puisque, l'emplacement lui restant, il pourrait faire reconstruire son bâtiment pour 20,000 fr. Il faut donc, afin de faire une estimation qui ne détruise pas le principe le plus nécessaire de l'assurance, que les experts s'écartent des règles posées par les conditions.

Ce résultat ne se produirait pas, — ce qui serait peut-être préférable, — si les immeubles devaient être estimés d'après leur valeur *réelle*.

Lorsque les dégâts sont de peu d'importance, rien n'empêche de procéder au règlement par voie de réparation, c'est-à-dire en déterminant la dépense à faire pour rétablir le bâtiment dans l'état où il se trouvait avant l'incendie.

Les méthodes sont à peu près les mêmes pour l'évaluation des pertes mobilières. La base est encore la valeur vénale. Pour les matières, denrées et marchandises fabriquées ou à œuvrer, la valeur vénale est déterminée par

Les cours au jour du sinistre. Pour les fourrages, grains et farines, il suffit de consulter les mercuriales du marché le plus rapproché de la localité où l'incendie a eu lieu. Tous les objets mobiliers étant, ainsi que nous l'avons vu, susceptibles de varier dans la quantité ou dans l'espèce par suite de vente ou d'achat pourvu que leur nature ne change pas, la base du règlement ne saurait être ici que la valeur *vénale*.

ART. 24. — *Si les bâtiments assurés par la Compagnie sont endommagés ou détruits par ordre de l'autorité, pour arrêter les progrès de l'incendie, la Compagnie remboursera les dommages.*

La Compagnie répond, de même, des dégâts et avaries qu'ont éprouvés les objets mobiliers assurés, par suite de leur déplacement, dans le but de les soustraire aux atteintes du feu ; mais elle n'est tenue, en aucun cas, de rembourser les frais faits par l'autorité non plus que les gratifications données ou les fournitures de vivres faites aux pompiers ou autres personnes ayant porté des secours, ni enfin les dégâts que ceux-ci ont pu occasionner à des objets non assurés, quel qu'en soit le propriétaire.

Nous avons dit d'une manière générale que

l'assureur garantit seulement les dommages causés par l'action directe du feu. Dans la pratique, ce principe comporte quelques rares exceptions que nous rencontrons ici.

L'incendie est un fléau qu'il faut combattre par tous les moyens. Il arrive que, pour prévenir un désastre, on est obligé de faire ce qu'on appelle « la part du feu. » Or, les bâtiments qui sont endommagés ou détruits par la main de l'homme afin de localiser le sinistre, n'ont pas été incendiés. Il serait donc permis de soutenir en droit que les pertes ne sont pas à la charge de l'assureur.

Malgré cela, le garant a pensé qu'il devait à sa mission non-seulement de corriger pécuniairement les ravages du feu, mais encore d'entrer directement en lutte contre le fléau. Il n'a pas hésité à sacrifier ses intérêts particu-liers aux nécessités suprêmes du salut commun. C'est ainsi que l'assureur assume la responsabilité des dommages, dans le cas où les objets garantis ont été détruits volontairement afin de circonscrire le foyer de l'incendie.

Cependant, il ne faudrait pas abuser de cette concession. S'il importe de donner l'avantage aux exigences de la sécurité publique, il est non moins juste de ne compromettre sciemment les intérêts privés que lorsqu'il est impossible de faire autrement. Le propriétaire de la maison qu'on veut démolir a le droit, si la destruction ne lui paraît pas indispensable, de faire des réserves contre la mesure qui lèse ses intérêts. L'assureur, par l'effet de sa garantie et de l'extension qu'il lui a donnée, se trouve substitué au propriétaire quant aux pertes résultant de la destruction volontaire dans ce cas particulier. Il est donc fondé à faire, au lieu et place de son assuré, toutes les réserves que pourront commander les circonstances.

Ces considérations s'appliquent également aux mobiliers. Il ne s'agit pas seulement de conserver, au profit de l'assureur, des meubles qui pourraient être brûlés. Un des moyens d'éteindre l'incendie, c'est d'y enlever des aliments. Et tel est le résultat qu'on obtient en déplaçant les mobiliers qui sont renfermés dans un bâtiment incendié ou sérieusement menacé.

Mais le déménagement n'a de raison d'être que s'il est effectué avec calme et en temps opportun. On a vu trop souvent des mobiliers brisés entièrement dans la précipitation d'un déplacement inutile, alors que l'immeuble qui les contenait ne devait pas être atteint par le feu.

Après avoir admis ces exceptions, l'assureur a pris la peine de dire qu'il n'est pas tenu des dépenses faites pour des gratifications et des fournitures de vivres, données aux pompiers ou autres personnes ayant porté des secours, ni enfin des dégâts qui ont pu être occasionnés à des objets non assurés, quel qu'en soit le propriétaire.

Il est impossible de voir, dans ces déclarations, la restriction d'une obligation qui s'imposerait au garant en droit commun. Il ne saurait à aucun point de vue être considéré comme tenu des frais et dommages dont il s'agit.

Les pompiers sont des corps organisés par tout le monde dans le but de protéger tout le monde. Ce n'est pas à un membre de la société, fût-il assureur, mais à la société elle-même, qu'il appartient de faire vivre les associations de sauveteurs qui la protègent, de les récompenser s'il y a lieu, et enfin de subvenir à toutes les dépenses nécessitées par leur action. Bien plus, ce ne serait pas agir dans l'intérêt public que de mettre à la charge des assureurs les frais d'organisation des secours. Les Compagnies se verraient contraintes d'élever leurs tarifs pour récupérer ces dépenses exception-nelles. Il est hors de doute, au surplus, que les frais d'ordre public, faits en cas de sinistre, sont à la charge des communes (lois des 16, 24 août 1790, titre 9, art. 3, et 11 frimaire an 7, art. 4). Ceci n'empêche pas l'assureur d'accor-der bénévolement, dans la pratique, des gra-tifications ou des médailles aux personnes, pompiers ou autres, qui se signalent dans les incendies.

Art. 25. — S'il résulte de l'évaluation de gré à gré ou de l'expertise que la valeur des objets as-surés était inférieure à la somme assurée, l'assuré n'a droit qu'au remboursement de la perte réelle et constatée.

Si, au contraire, il est reconnu que la valeur des objets couverts par la Police excédait, au moment de l'incendie, la somme assurée, l'assuré est son propre assureur pour l'excédant, et il supporte, en cette qualité, sa part des dommages au marc le franc.

S'il y a plusieurs assureurs et si les déclarations prescrites par le premier paragraphe de l'article 12 ont été mentionnées, la Compagnie, en cas d'in-cendie, supporte, au marc le franc de la somme

*assurée par elle, la perte |réglée suivant les clau-
ses de la ...... Police.*

Cet article est l'application même du principe dont nous avons démontré précédemment la moralité et l'utilité : — l'assurance
ne peut jamais être une cause de bénéfice pour
l'assuré. De ce que les objets garantis ont été
entièrement détruits, il ne s'ensuit pas que
leur propriétaire a droit à la totalité du capital couvert par la police. Ainsi : une maison
est assurée pour 10,000 fr. Cet immeuble est
anéanti par un incendie. L'estimation établit
qu'au jour du sinistre les constructions ne
valaient que 9,000 fr. L'indemnité ne peut
dépasser cette somme. L'assuré prétendrait en
vain, qu'ayant payé une prime calculée sur
10,000 fr., il a droit à ce capital. Ce qui lui
est dû, c'est le dédommagement de ses pertes ;
rien de plus. Les bénéfices ou les gains qu'il
voudrait réaliser seraient illicites. S'il a payé
une prime trop forte, c'est qu'il avait attribué
une valeur de 10,000 fr. à des objets qui ne
pouvaient être estimés que 9,000 fr. Et qu'on
ne croie pas que l'assureur, en acceptant des
déclarations de valeurs qu'il n'a pas critiquées,
a renoncé implicitement au droit de les con-

tester ! Il n'en serait rien, alors même que l'art. 6 des conditions n'expliquerait pas formellement que les « sommes assurées, les « primes perçues, les désignations et évalua- « tions contenues dans la police ne peuvent « être invoquées ni opposées par l'assuré « comme une reconnaissance ou une preuve « de l'existence ou de la valeur des objets as- « surés, soit au moment de l'assurance, soit au « moment de l'incendie. »

Il faut remarquer, en effet, qu'il est impossible au garant de contrôler les estimations qui lui sont données lors de la formation du contrat. S'il fallait que les bases de chaque police fussent déterminées par des expertises contradictoires, l'assurance occasionnerait des frais trop onéreux pour qu'elle pût être pratiquée.

La voie des évaluations préalables ne conduirait même pas au but désiré ; car la police étant presque toujours souscrite pour un long laps de temps, ses désignations ne correspondraient pas aux valeurs de la dernière heure. On ne peut donc que laisser à l'assuré la responsabilité de ses chiffres.

S'il arrive que le prix des objets garantis est inférieur à la somme assurée, il arrive également qu'il y est supérieur.

Un propriétaire a fait garantir des bâtiments pour 9,000 fr. Ces immeubles brûlent. Il ressort de l'expertise qu'avant l'incendie les constructions valaient 10,000 fr. Il s'agit de savoir que sera le *quantum* de l'indemnité.

La destruction étant complète, le dommage éprouvé par l'assuré s'élève à 10,000 fr. Mais ce n'est pas un motif suffisant de soumettre le garant à l'obligation de débourser la *totalité* de cette somme.

Et d'abord l'assuré ne peut s'en prendre qu'à son imprévoyance si, dans le contrat qu'il a consenti, il a attribué à sa propriété une valeur inférieure à celle qu'elle devait avoir. Peut-être a-t-il été de bonne foi. Mais rien ne prouve, d'ailleurs, qu'il n'ait pas voulu amoindrir le montant de la prime en vue de laquelle le garant a contracté. Celui-ci n'a, en fait, touché qu'une rémunération compensatrice des dangers éventuels de perdre 9,000 fr. En droit, il ne saurait être tenu de dépasser la mesure des obligations auxquelles il s'est assujetti.

A quoi s'est engagé l'assureur? — A rembourser jusqu'à concurrence de 9,000 fr. les dommages qu'un sinistre pourrait occasionner aux immeubles garantis. Donc, dans aucun cas, l'indemnité ne saurait excéder 9,000 fr.

Cette théorie est de tous points conforme aux principes du droit et de l'équité. Elle doit nécessairement s'étendre au cas où l'incendie cause non pas une destruction totale, mais des dégâts partiels.

Supposons que le propriétaire d'une maison, qui vaut 10,000 fr., ne la fasse pas garantir. Il s'expose à supporter tous les dommages. Il est, en quelque sorte, *son propre assureur*. Dans le même ordre d'idées, si, sans faire couvrir la totalité de ses risques, il s'en est déchargé en partie, il reste encore *son propre assureur* pour le surplus. Qu'un sinistre arrive, les pertes devront être réparties proportionnellement à la valeur des risques qui sont à la charge tant d'un garant spécial que du propriétaire considéré comme *assureur* partiel.

Exemple : des bâtiments sont garantis pour 5,000 fr. ; un incendie les atteint ; l'expertise démontre qu'avant l'accident la valeur des constructions était de 8,000 fr., et que les dommages s'élèvent à 2,000 fr. Dans l'espèce, le propriétaire est resté son propre assureur pour 3,000 fr. (8,000 — 5,000). Il doit assumer dans le montant des pertes une part contributive, calculée à raison de la somme des risques qu'il a gardés à sa charge. Il est facile de déterminer cette part au moyen d'une règle de trois simple ou d'une proportion.

Dans notre exemple, nous poserions la proportion suivante :

$$8{,}000 : 3{,}000 :: 2{,}000 : x.$$

8,000 représente la valeur des bâtiments avant l'incendie ; 3,000, la somme des risques à la charge du propriétaire ; 2,000, le total de la perte ; et x, la part contributive qu'il s'agit de dégager.

En résolvant la proportion, on trouve à la charge de l'assuré :

$$x = \frac{3{,}000 \times 2{,}000}{8{,}000} = 750.$$

Il résulte de là que l'assureur n'aura à payer, pour toute indemnité, qu'une somme de 1,250 fr., soit la différence entre le montant des dommages (2,000) et la part qui incombe au propriétaire insuffisamment garanti (750).

Tel est le raisonnement mathématique (1), et

---

(1) La théorie scientifique de la règle proportionnelle a été établie par feu M. Maas père. Ce travail, qui fait à juste titre

par conséquent inattaquable, qui se trouve condensé dans le deuxième alinéa de notre article. Les dispositions finales n'en sont qu'une application particulière. Le fond de la question n'a pas changé. Mais la garantie « *sui generis* » du propriétaire est remplacée par la responsabilité effective d'un assureur. En d'autres termes, lorsque plusieurs Compagnies sont intéressées dans un sinistre sur les mêmes risques, elles concourent au remboursement des dommages proportionnellement aux capitaux qu'elles couvrent.

A̲r̲t̲. 26. — L'assuré ne peut faire aucun délaissement, ni total, ni partiel, des objets assurés, avariés ou non avariés.

La Compagnie peut, dans les délais déterminés à l'amiable ou par experts, faire réparer ou reconstruire, à dire d'experts, les bâtiments que l'incendie aurait endommagés ou détruits.

Elle peut reprendre, en totalité ou en partie, pour le montant de leur estimation, les objets avariés et les matériaux provenant des bâtiments incendiés.

Elle peut, de même, en totalité ou en partie,

autorité, a été reproduit avec l'autorisation de M. Maas fils, directeur de la Compagnie l'*Union*, dans le *Manuel* de M. Laguépière, *édition de 1872, pages 88 et suivantes.*

remplacer en nature, à l'amiable ou à dire d'experts, les objets avariés ou détruits par l'incendie.

Les assurances *maritimes* peuvent donner lieu à ce qu'on appelle le *délaissement*. C'est l'abandon que le propriétaire fait à son assureur, en cas de sinistre, des objets garantis et de tous les droits y relatifs, à la charge de payer une indemnité égale au capital couvert par la police. Hâtons-nous de dire que ce n'est pas une règle générale, mais une exception, et que, comme telle, il ne faut pas l'étendre par analogie.

Aux termes de l'art. 369 du C. de C., le délaissement des effets assurés peut être fait notamment : « ... en cas de perte ou de dété- « rioration, si la détérioration ou la perte va « au moins aux trois quarts. » C'est un droit rigoureux dont l'application, bien qu'elle ait été strictement réglementée pour les assurances maritimes, peut encore donner lieu à de sérieuses critiques. Il est avéré, du reste, que le délaissement a été autorisé moins pour le cas spécial de perte ou de détérioration, que pour certaines éventualités qui, sans détruire ni endommager les objets, en enlèvent la propriété à l'assuré ou créent à celui-ci des obstacles si grands qu'ils l'empêchent de rentrer en possession.

Nous n'avons pas à faire, à ce point de vue, le procès du délaissement. Il suffit de constater que l'assureur *maritime*, opérant sur des corps certains dont le nombre est restreint, se trouve en situation de calculer d'une manière relativement précise les conséquences du droit excessif régi par l'art. 369. L'assureur terrestre n'en est pas là. Ses affaires sont très-nombreuses. Chacune d'elles ne représente souvent que des valeurs faibles. Le délaissement, qui est un fait exceptionnel en droit maritime, deviendrait ici, par la seule force des choses, un événement habituel. Le garant serait condamné à garder longtemps en dépôt les objets délaissés ou à s'en défaire à vil prix. En tout cas, il serait placé dans une situation de marchand de bric-à-brac qu'on ne peut pas décemment lui imposer. Et comment voudrait-on qu'il acceptât un délaissement pour des objets qu'il lui sera presque impossible d'utiliser, tandis que le propriétaire saura toujours en tirer parti? N'y aurait-il pas là une choquante inégalité?

Soutenir la thèse contraire équivaudrait à exagérer et à généraliser, en notre matière, la portée d'un principe rigoureux auquel le Code n'a voulu astreindre les assurances maritimes que dans des cas exceptionnels, et principalement lorsqu'il est à prévoir que le propriétaire ne pourrait pas récupérer les objets garantis ou ce qu'il en reste.

Repousser le *délaissement* du domaine des assurances *terrestres*, c'est s'inspirer du véritable esprit de la loi.

Il ne faut pas voir une contradiction entre le droit d'abandon que nous venons d'éliminer et la faculté de reprise que se réserve l'assureur. Ces dispositions ont trait à des situations absolument distinctes.

Le propriétaire, en se déchargeant de ses risques, n'a dû espérer que ceci : « être in- « demnisé de ses pertes ; rentrer dans la po- « sition que le sinistre lui ferait perdre. » Mais l'incendie, en donnant ouverture à la responsabilité de l'assureur, met celui-ci au lieu et place du propriétaire, pour supporter les conséquences de l'accident. Par ce fait même, il est juste que, tout en désintéressant son assuré, le garant reste juge des moyens à employer pour utiliser le mieux possible « les « objets avariés et les matériaux provenant « des bâtiments incendiés. » Suivant l'opportunité, il les laissera à l'assuré, ou bien les reprendra pour « le montant de leur estima-« tion. » C'est, — nous l'avons expliqué dans une autre occasion, — une mission de « bon père de famille, » à laquelle l'assureur ne de-vait pas faillir.

De cette situation spéciale découle égale-ment le droit, pour le garant : 1° « de faire « réparer ou reconstruire, à dire d'experts, « les bâtiments que l'incendie aurait endom-« magés ou détruits; » 2° et de « remplacer « en nature, à l'amiable ou à dire d'experts, « les objets avariés ou détruits par l'incen-« die. »

Ce droit, l'assureur ne se l'est pas *attribué*; il s'est borné à le *proclamer*. Lorsque, par une combinaison quelconque, l'assuré a été rendu indemne des dommages, il n'a rien à dire. Le but à atteindre est assez désirable pour qu'on laisse à celui qui le cherche le choix des moyens.

ART. 27. — *Une fois l'expertise amiable ter-minée, le sauvetage, même en cas de contestations, demeure aux risques et périls de l'assuré, qui reste seul responsable des dommages qu'il pour-rait éprouver ultérieurement.*

Les obligations de l'assureur découlent d'un contrat. Or, s'il est admis que la responsabilité qui naît d'un *délit* ou d'un *quasi-délit* peut être étendue aux conséquences indirectes et médiates du fait délictueux, il ne saurait en être de même du résultat des obligations contractuelles. Il est de l'essence de notre garantie de prémunir l'assuré contre les dommages d'un sinistre, mais en tant que les pertes ont été causées d'une manière directe et immédiate par ce sinistre. Rien ne serait plus inique, en effet, que de vouloir interpréter les engagements de l'assureur dans un sens qui le ferait assimiler à l'auteur d'un *délit* ou d'un *quasi-délit*.

Dès lors, l'article 27 des conditions s'explique de lui-même. Lorsque l'expertise des dommages a été terminée, la période de règlement du sinistre doit être considérée comme close pour l'assureur. Il est encore comptable de l'indemnité, mais son obligation ne peut comporter la surveillance des choses qu'il a remises aux mains du propriétaire. Que si l'assuré soulève des contestations sur une expertise où il a pu débattre ses intérêts, ce n'est pas une raison pour que le sauvetage soit aux risques de l'assureur qui en a été dessaisi, et que celui-ci doive supporter des détériorations ultérieures qui, sans doute, ne se sont produites que parce que le propriétaire n'a pas su pourvoir à la conservation de sa chose.

Un incendie, par exemple, détruit une partie d'un bâtiment. L'expertise est faite. L'indemnité est fixée. Mais, par une raison quelconque, l'assuré ayant différé de toucher la somme qui lui revient, un mur miné par le feu, et qui a été compris dans les évaluations des experts, est renversé accidentellement. Sa chute entraîne celle des planchers, escaliers, etc. L'assureur ne doit pas répondre des pertes occasionnées par ce fait consécutif. Il appartenait au propriétaire de faire étayer solidement le mur endommagé, sinon de prescrire, aussitôt après le règlement, les réparations nécessaires.

Il va de soi, d'ailleurs, qu'en expliquant que le sauvetage « demeure aux risques et « périls de l'assuré, » le garant n'entend pas décliner la responsabilité du nouvel incendie qui, après un règlement régulier, frapperait les objets épargnés par le premier sinistre. Ce cas rentre dans la règle générale. Ou bien l'assurance a été résiliée avant l'événement du second incendie, et alors ses conséquences sont à la charge du propriétaire, à moins qu'il n'ait souscrit une autre police. Ou bien le contrat a été maintenu, et, dans cette hypothèse, la responsabilité de l'assureur est engagée comme par le passé.

ART. 28. — *L'assurance du risque locatif est basée sur la valeur totale des bâtiments lorsque ceux-ci sont occupés par un seul locataire, et, dans ce cas, les dommages d'incendie se règlent conformément aux articles 23, 24 et 25.*

ART. 29. — *Dans le cas où il y a plusieurs locataires, l'assurance du risque locatif a pour base le prix de la location.*

Si le locataire a fait couvrir une somme égale à quinze fois au moins le montant annuel de son loyer, la Compagnie répond à sa place de la totalité du dommage jusqu'à concurrence de la somme assurée.

S'il n'a fait couvrir qu'une somme moindre, la Compagnie répond seulement du dommage dans la proportion existant entre la somme assurée et le montant de quinze années de loyer.

Ce qu'on appelle « *risque locatif* » en langage d'assureur, c'est, ainsi que nous l'avons déjà dit, la responsabilité à laquelle un locataire est soumis vis-à-vis du propriétaire, au cas de destruction de la chose louée. Le principe de cette responsabilité n'est pas discutable. Il ressort, à l'évidence, des art. 1733 et 1734 du C. C., qui sont ainsi conçus :

« ART. 1733. — Il (*le locataire*) répond de « l'incendie, à moins qu'il ne prouve — que « l'incendie est arrivé par cas fortuit ou force « majeure, ou par vice de construction, — ou « que le feu a été communiqué par une maison « voisine.

« ART. 1734. — S'il y a plusieurs locataires, « tous sont solidairement responsables de l'in- « cendie, — à moins qu'ils ne prouvent que « l'incendie a commencé dans l'habitation de « l'un d'eux, auquel cas celui-là seul en est « tenu ; — ou que quelques-uns ne prouvent « que l'incendie n'a pu commencer chez eux, « auquel cas ceux-là n'en sont pas tenus. »

La situation est bien simple. Lorsqu'un sinistre frappe des objets loués, les occupants sont, à l'égard du propriétaire, présumés responsables des pertes causées aux choses qu'ils détiennent, et la preuve libératrice est à leur charge. L'assurance que le propriétaire a souscrite sur les effets qui ont été incendiés ne saurait modifier les articles de la loi. En se chargeant des risques du propriétaire, le garant n'a pas pu, à défaut de stipulations spéciales, se placer, vis-à-vis des tiers, dans une position inférieure à celle de son assuré. Puisque celui-ci a le droit d'exercer un recours contre ses locataires, l'assureur qui s'est mis en son lieu et place quant aux éventualités dommageables doit être fondé à user du même recours, à moins qu'il n'y ait expressément renoncé. Les occupants ne sont exonérés du risque locatif que s'ils en ont été relevés par une garantie *ad hoc*. Nous aurons bientôt à développer ce sujet.

Toujours est-il que l'assurance du risque locatif a pour résultat, non pas de détruire la responsabilité des locataires, mais de la transmettre au garant qui l'a volontairement assumée. Cette substitution est renfermée, comme de raison, dans les limites des obligations dûment constatées par la police. Il va de soi que les locataires restent toujours responsables vis-à-vis du propriétaire, l'assureur n'étant tenu de les désintéresser qu'au prorata des engagements qu'il a consentis. Ceci se conçoit d'autant mieux, qu'il faut appliquer à la garantie spéciale des risques de location les règles auxquelles est soumise l'assurance des risques de propriété. La garantie du recours ne vise, en effet, que des pertes matérielles qui sont immobilières ou mobilières, suivant que les objets loués sont immeubles ou meubles. La nature des dégâts reste la même, qu'il s'agisse des risques d'occupation ou des risques de propriété. C'est pourquoi le règlement des dommages, tel qu'il est tracé par les art. 23, 24 et 25, doit s'appliquer en matière d'assurance locative.

Quand la chose louée n'est détenue que par un seul occupant, il n'y a pas de difficulté possible. On prend pour base de l'appréciation des pertes la valeur totale des objets tenus en location. S'il y a insuffisance d'assurance, la règle proportionnelle est applicable.

Dans le cas où il y a plusieurs locataires, la base d'évaluation est la même, car, pour estimer les dommages, il faut établir la différence entre la valeur des objets, tels qu'ils étaient avant l'incendie, et la valeur desdits objets, tels qu'ils sont après le sinistre.

Mais afin de mettre les locataires en garde contre les embarras qu'ils pourraient se créer par ignorance du prix total des choses dont ils ne détiennent qu'une partie, l'assureur a déterminé, d'après l'expérience des faits, le rapport qui existe le plus souvent entre la *quotité* du loyer et la valeur moyenne des objets loués. C'est ainsi que l'assureur en est venu, dans ce cas spécial, à prendre pour base de la garantie du risque locatif le prix de la location, et à dire : « Si le locataire a fait couvrir « une somme égale à quinze fois, au moins, « le montant annuel de son loyer, la Com- « pagnie répond à sa place de la totalité des « dommages, jusqu'à concurrence de la somme « assurée. »

Cette disposition est favorable aux assurés en ce qu'elle doit éveiller leur attention. Elle leur fait toucher du doigt les dangers auxquels ils s'exposeraient en négligeant de se décharger entièrement de la responsabilité locative. Qu'ils y songent; la règle proportionnelle les mettrait à découvert.

ART. 30. — *Dans aucun des cas prévus par les articles ci-dessus, 23, 24, 25, 26, 28 et 29, la Compagnie ne peut être tenue de rien payer au delà de la somme assurée et de sa part dans les frais d'expertise et de tierce expertise.*

Cet article est tout à la fois la consécration

de la règle proportionnelle et le résumé des obligations de l'assureur. Celui-ci ne peut évidemment se charger moyennant une prime *limitée* que d'un *aléa* également *limité*. Il faut toujours qu'il y ait un rapport défini entre le montant de la prime et l'importance des risques. Nous en avons donné les motifs. Or, cette corrélation n'existerait pas si l'*aléa* n'était pas circonscrit. Les engagements de l'assuré étant déterminés, ceux du garant doivent l'être aussi. Puisque l'assuré paye une prime fixe à raison d'un capital donné, la somme qui a été affectée à la garantie est le maximum des dommages dont le remboursement pourra être demandé.

L'assurance se comprend en ce sens : qu'elle attribue au garant la responsabilité des pertes qui ont été éventuellement prévues, mais seulement jusqu'à concurrence du capital indiqué par le contrat. L'indemnité qui peut, à la vérité, être inférieure à la somme assurée ne saurait, dans aucun cas, y être supérieure. C'est pourquoi, par exemple, tout occupant qui voudrait être entièrement exonéré de la responsabilité locative, devrait la faire comprendre dans l'assurance pour une somme égale à la valeur de la totalité des objets qu'il détient.

Il n'était guère utile d'ajouter que le garant n'est tenu que de sa part dans les frais d'expertise et de tierce expertise. Cela va de soi.

Il est non moins évident que si les deux parties ont pris un seul expert, chacune d'elles doit concourir par moitié au paiement des frais et honoraires de l'homme de l'art.

Au fond, notre article 30 n'a qu'une importance relative. Ce n'est pas pourtant une superfétation. Ses stipulations ont le mérite de résumer dans un texte clair et concis plusieurs dispositions sur lesquelles il est bien d'insister attendu qu'elles sont l'essence même de l'assurance.

Art. 31. — Par le seul fait de la présente Police, et sans qu'il soit besoin d'aucune autre cession, transport, titre ou mandat, la Compagnie est subrogée dans tous les droits, recours et actions de l'assuré contre toutes personnes garantes ou responsables du sinistre à quelque titre et pour quelque cause que ce soit, et même contre leurs assureurs, s'il y a lieu. L'assuré consent expressément à cette subrogation, et il sera tenu, s'il en est requis lors du payement de l'indemnité, de la réitérer, dans sa quittance, par acte notarié ou sous signatures privées.

Ces dispositions prévoient les cas où le propriétaire des objets endommagés a indépendamment d'une assurance, le droit d'exercer une action en remboursement des pertes contre des tiers. Les circonstances qui donnent ouverture à cette action sont : l'occupation par un ou plusieurs locataires (art. 1733 et 1734 du C. C.); le fait d'autrui qui cause le dommage (art. 1382 à 1386); les vices ou défauts de la chose louée lorsqu'ils occasionnent des pertes à l'occupant (art. 1721); les vices de construction qui causent la ruine d'un bâtiment édifié depuis moins de dix ans (art. 1792, 1799 et 2270); les crimes et délits d'incendie (art. 434 et 458 du Code pénal, rapprochés de l'art. 10).

L'assureur ne peut ni ne doit admettre que l'effet de sa garantie place *ipso facto* à l'abri de tout recours les tiers déclarés par la loi responsables des conséquences du sinistre. Les tiers ne sont pas fondés à invoquer directement le contrat intervenu entre un propriétaire et son garant. Nous avons expliqué que les conventions d'assurance sont *res inter alios acta* pour les tiers. C'est dire que les responsabilités restent intactes. Si l'assureur désintéresse le propriétaire, ce n'est pas une raison pour que les recours cessent d'être recevables. Il convient, d'ailleurs, d'écarter de la discussion le cas où l'incendie est le résultat d'un crime ou d'un délit. Rien ne pourrait soustraire le coupable à la responsabilité civile édictée par le Code pénal; rien, pas même les clauses contraires d'un contrat, car il est interdit de déroger par des conventions particulières aux lois qui intéressent l'ordre public. Nous l'avons déjà dit (art. 6 C. C.).

La question est par conséquent circonscrite aux recours qui naissent du Code civil. Alors la situation des parties est simple. De ces deux choses l'une : ou bien le garant a renoncé en termes formels dans le contrat à se prévaloir des responsabilités que l'assuré pourrait rechercher, et, dans ce cas, les tiers n'ont pas à craindre l'action de l'assureur; ou bien la convention est muette à l'égard des recours, et les tiers en sont passibles.

Qu'arrive-t-il lorsque le sinistre se produit ? — Le garant désintéresse son assuré au moyen d'un payement dit *avec subrogation*. C'est une opération qui est prévue et autorisée par les art. 1249 et suivants du Code civil. Elle a pour conséquence de transférer à la personne qui paie, les droits et actions de celle qui touche.

La subrogation est conventionnelle ou légale (art. 1249). Elle a lieu de plein droit dans les cas déterminés par l'art. 1251. Mais elle ne peut être, en matière d'assurance, que *conventionnelle*. Par suite, il faut qu'elle soit faite en termes exprès et en même temps que le payement. Le garant sauvegardera ses intérêts en la faisant stipuler dans la quittance de l'assuré. Celui-ci ne saurait s'y refuser, notre article 31 l'obligeant à consentir la subrogation s'il en est requis.

C'est ainsi que l'assureur, agissant au lieu et place de son cocontractant, exercera les actions en responsabilité qui lui sont dévolues de l'aveu de la loi. On conçoit, du reste, que ses droits ne s'étendent pas au delà des charges qu'il a supportées. Si l'assuré n'a été dédommagé qu'en partie pour insuffisance de garantie, il est fondé à exercer ses recours à concurrence du surplus de ses pertes, par préférence à l'assureur (art. 1252).

ART. 32. — *Si le feu se communique d'un bâtiment assuré par la Compagnie à un autre bâtiment qu'elle assure également, la Compagnie renonce au recours qu'elle pourrait avoir à exercer contre le propriétaire dont le bâtiment aurait communiqué l'incendie.*

8.

Le cas prévu par cet article est d'un grand intérêt. Mais il y a là une situation qu'on ne peut bien définir que par un exemple.

Deux bâtiments B et *b*, appartenant divisément à deux propriétaires P et *p*, sont garantis par le même assureur. Un incendie se déclare dans B et se communique à *b*. Si le feu a été causé par le *fait*, l'*imprudence* ou la *négligence* de P, celui-ci est, aux termes des art. 1382 et suivants du C. C., responsable des dommages éprouvés par les tiers. En droit, l'assureur, après avoir indemnisé *p* au moyen d'un payement avec subrogation, serait autorisé à exercer un recours contre P.

Supposons que les pertes occasionnées par le sinistre soient fixées à 100 pour le bâtiment B, où il a débuté, et à 200 pour l'immeuble *b*, atteint par communication. Dans les conditions des art. 1382 et suivants, l'assureur payerait 200 à *p* et réclamerait cette somme à P, qui se trouverait par compensation, attendu que son garant lui doit 100, redevable de la différence $200 - 100 = 100$. Ce résultat serait irréprochable au point de vue du code.

Or, l'assureur a pensé qu'il était équitable de s'écarter, dans ce cas exceptionnel, du

droit strict. En se chargeant des risques de P,
il tient à ne pas laisser subsister dans sa garantie l'ombre même d'un sous-entendu ; et,
à cette fin, il ne recule pas devant l'idée plutôt bienfaisante que juridique, de généraliser
à son désavantage les conséquences de ses
obligations. Il pourrait dire à son assuré :
« Je garantis les choses qui vous appartien-
« nent contre votre fait, votre négligence ou
« votre imprudence, mais il est bien entendu
« que je vous laisse dans le droit commun
« vis-à-vis des tiers. » Rien n'eût été plus
licite. Pour ne pas être exposé à reprendre
d'une main ce qu'il avait donné de l'autre,
l'assureur préfère renoncer aux droits au recours qui lui serait dévolu par son assuré
contre son autre assuré.

Cette disposition est, comme il est facile
d'en juger, très-favorable aux bénéficiaires.
C'est une raison d'en limiter l'application à
l'espèce qui est prévue. En somme, l'imprudence et la négligence *ordinaires* constituent
un *aléa* dont le garant peut se charger. Il ne
saurait en être de même de la *faute lourde assi-*
milable au dol; c'est-à-dire d'un fait domma-
geable qui, sans avoir été intentionnel, ré-
vèle chez son auteur une imprudence ou une

négligence *extraordinaire*. Les conséquences et les responsabilités qui en découlent ne doivent être, au nom des principes d'ordre public, ni déplacées, ni suppléées. Celui qui, par une faute lourde assimilable au dol, aurait mis le feu à sa chose et à la chose d'autrui, ne pourrait pas se prévaloir de la renonciation écrite dans notre art. 32.

Art. 33. — *La somme à laquelle le dommage a été fixé est payée comptant, au siége de l'agence où la Police a été souscrite, soit en espèces, soit en mandats à vue sur la succursale de la Banque de France la plus voisine.*

Art. 34. — *La Compagnie après le sinistre, et quelle que soit l'importance du dommage, peut résilier immédiatement la Police, en tout ou en partie, par une simple notification ou par une lettre recommandée.*

Elle peut aussi, dans ce cas et de la même manière, résilier toutes les autres Polices souscrites au nom du même assuré.

Dans les cas de résiliation prévus par les précédents paragraphes, les primes perçues en vertu de la Police atteinte par le sinistre demeurent acquises à la Compagnie; celles afférentes aux autres Polices sont remboursées au prorata du temps restant à courir pour finir l'année d'assurance.

L'art. 33 est l'application généralisée au profit de l'assuré, des dispositions de l'art. 1247 du C. C. D'après ce texte, le payement doit en principe être fait au domicile du débiteur. Cependant, les parties ont la faculté de spécifier le lieu de la libération. L'assureur en use, non pas pour faire une exception à la règle de l'art. 1247, mais pour lui donner une extension qui favorise les intérêts de l'assuré.

En cas de sinistre, le débiteur est, en effet, le garant. Bien qu'il se fasse représenter par des agents, il n'a en réalité qu'un domicile qui est celui de la Compagnie. Or, l'assureur désigne comme lieu de payement, outre le siége de son administration, la résidence de ses mandataires. Il laisse à son créancier la liberté du choix.

Les stipulations de l'art. 34 de nos conditions sont principalement du domaine de la prévoyance, qui est la loi de l'assureur et la raison d'être de ses opérations.

D'une part, il peut se faire qu'un sinistre ait été occasionné par la malveillance, ou qu'il se soit produit dans des circonstances telles qu'elles révèlent des causes d'incendie susceptibles de se renouveler. En pareils cas, il est équitable qu'après avoir payé une indemnité à son assuré, le garant puisse résilier sa police. Comme il a rempli, d'ailleurs, les obligations à raison desquelles il a touché la prime, il est non moins juste que celle-ci lui soit entièrement acquise.

D'autre part, si l'on songe que la malveillance est généralement tenace, et que l'incurie est trop souvent incurable, on comprendra que l'assureur se réserve le droit de résilier, non-seulement le contrat qui porte sur les risques sinistrés, mais encore toutes les autres conventions qui le lient au même assuré. Dans l'espèce, le garant se contente de retenir le prorata de prime correspondant au laps de temps pendant lequel il a couru des risques. Il rembourse l'excédant à l'assuré. Cette transaction est évidemment de toute équité.

Art. 35. — *Les dommages résultant de l'incendie doivent être réclamés, par l'assuré, dans un délai de* six mois, *à compter du jour de l'incendie ou des dernières poursuites. Ce délai expiré, la Compagnie ne peut être tenue à aucune indemnité.*

Il ne faut pas voir dans cet article une prescription libératoire « *sui generis* », que l'assureur aurait créée pour les besoins de sa cause. Il sait qu'il est tout aussi impossible d'abréger les délais assignés par la loi à ce mode de libération, que de renoncer d'avance à la prescription elle-même. Il s'agit ici du règlement des dommages et non du payement de l'indemnité.

Nous avons démontré que, par des motifs inhérents à la situation qu'un sinistre fait à l'assureur, il doit être prévenu à l'instant même des dommages dont il est présumé responsable. Mais, à cet égard, les art. 19 et 20 des conditions ne portent en eux-mêmes aucune sanction, ce qui revient à dire que, considérés isolément, ils n'auraient pas d'autre portée qu'une simple déclaration de principes. L'assuré ne se croirait peut-être pas tenu d'agir rapidement, s'il n'avait pas à redouter les conséquences de ses lenteurs. Dès lors, les dispositions de l'art. 35 coulent de source. Elles prennent la forme d'une condition *potestative* de la part du créancier (*l'assuré*), et *positive* avec un temps préfix (*six mois*). C'est l'application des art. 1170, 1174 et suivants du C. C.

En résumé, l'esprit de la clause qui nous

occupe peut se traduire ainsi : « L'estimation
« des dommages doit être demandée dans les
« six mois au plus tard, à dater du jour du
« sinistre ; passé ce délai, la Compagnie ne
« saurait être tenue à aucun règlement, ni, à
« plus forte raison, à aucune indemnité. »

ART. 36. — *Pour l'exécution des clauses générales et particulières de la présente Police, les parties font respectivement élection de domicile attributif de juridiction au siége de l'agence générale de la Compagnie où la Police a été contractée.*

Voici le dernier article. Il couronne l'édifice
par une concession profitable à l'assuré. Dans
une circonstance quelconque, celui-ci se croit,
à tort ou à raison, intéressé à actionner son
garant. Le domicile légal de la Compagnie est
au *siége social.* Or, il y a un axiome de procédure qui dit que « le demandeur suit le dé-
« fendeur où il est domicilié : *actor forum sequi-
« tur rei.* » De là des difficultés de surveiller
l'affaire, des voyages, des dépenses onéreuses. Comment s'y résoudre, lorsqu'il faut
exposer des frais importants pour engager un
procès dont l'issue est toujours incertaine ?
C'était un obstacle que l'assureur n'avait pas

créé et qu'il aurait pu se dispenser de lever. Il ne l'entend pas ainsi. Il veut être à la disposition de ses adversaires et il fait élection de domicile au siége de l'agence où la police a été souscrite. Si ses assurés tiennent à plaider, ils le trouveront à la résidence de celui de ses représentants qui a consenti le contrat. L'assignation pourra donc facilement atteindre l'assureur (art. 111 C. C. et 59 *in fine*, C. de procédure).

DES
RECOURS ET DES GARANTIES ACCESSOIRES
QUI EN RÉSULTENT

Après avoir fixé les caractères du contrat d'assurance, en l'envisageant sous ses divers aspects théoriques et pratiques, il convient d'en dégager et de développer les situations intéressantes que nous avions dû nous borner à signaler en passant.

Dans divers cas, l'assurance se trouve en présence de certaines responsabilités qu'elle n'a pas créées. La loi seule leur a donné naissance. Le sinistre en est la cause déterminante ; mais ces responsabilités eussent existé indépendamment du contrat ; c'est pourquoi elles ne sauraient être couvertes par la garantie principale. Leurs effets ne peuvent être combattus que par des garanties accessoires.

Cette matière est complexe. Il n'y a qu'un moyen d'en saisir les éléments, c'est de les isoler et de les analyser séparément.

Tout immeuble, considéré au point de vue de l'assurance, peut être dans les positions suivantes :

1° Occupé exclusivement par son ou ses propriétaires ;

2° Occupé par une ou plusieurs personnes autres que son ou ses propriétaires ;

3° Occupé par son ou ses propriétaires et par une ou plusieurs autres personnes;

4° En contiguïté ou à proximité d'autres immeubles.

De chacune de ces positions ressortent des responsabilités différentes. Par cela même, les conséquences du sinistre se modifient. Elles entraînent des compétitions d'intérêts essentiellement variables et que les parties auraient de la peine à trancher si leurs droits respectifs n'étaient pas exactement définis. Ce sont ces droits qu'il s'agit de préciser.

§ 1er.

*L'immeuble est occupé exclusivement par son
ou ses propriétaires.*

Si le contrat réunit les conditions de validité qui ont été indiquées dans les précédents chapitres, la cause du sinistre est le seul point qui soit à examiner.

L'incendie résulte-t-il d'un acte *volontaire* ou *illicite* de l'assuré, ou d'une *faute lourde assimilable au dol* (*in committendo* ou *in omittendo*), la Compagnie n'est pas responsable des pertes. Dans toute autre hypothèse, le garant est tenu d'indemniser son assuré. Lorsque les faits que nous venons de signaler sont l'œuvre d'un tiers, l'assureur a recours contre l'auteur de l'incendie, comme subrogé aux droits du propriétaire. La Compagnie ne pourrait pas renoncer à ce recours dans la police, car une stipulation de cette nature serait contraire à l'ordre public. Ici la responsabilité n'est pas susceptible d'être écartée par une garantie accessoire.

Il n'en est pas de même dans cet autre cas.

L'incendie a été occasionné par un vice de construction de l'immeuble. Aux termes des art. 1792, 1799 et 2270 du C. C., les architectes, entrepreneurs ou maçons demeurent responsables pendant dix ans des dommages que les bâtiments qu'ils ont édifiés peuvent subir par suite d'un vice de construction. Si le feu s'est déclaré dans les dix années et qu'il ait été causé par un vice de construction, le propriétaire a le droit de se faire indemniser par les architectes, entrepreneurs ou maçons. Supposons qu'il ait fait garantir ses risques, il s'adressera de préférence à son assureur. Celui-ci le désintéressera, mais au moyen d'un payement avec subrogation. Investi des droits du sinistré, le garant exercera le recours qui lui est dévolu contre les ouvriers responsables. Du reste, l'assureur pourrait, sans enfreindre aucun des principes essentiels de la validité des obligations, renoncer par convention expresse à ce recours.

Lorsque le sinistre se produit après l'expiration du délai de dix ans, la Compagnie demeure seule en présence de son assuré.

§ 2.

L'immeuble est occupé par une ou plusieurs personnes autres que le ou les propriétaires.

Ces personnes peuvent être :
1° Des locataires ou des sous-locataires;
2° Des colons;
3° Des usufruitiers ou des usagers;
4° Des occupants à titre gratuit.

DES LOCATAIRES ET DES SOUS-LOCATAIRES.

RISQUE LOCATIF.

Le louage des choses, dit l'art. 1709 du C. C., est un contrat par lequel l'une des parties s'oblige à faire jouir l'autre d'une chose pendant un certain temps et moyennant un certain prix que le preneur s'engage à payer.

On reconnaît donc qu'il y a *location* lorsque *l'occupant* paye un *loyer*.

La position des locataires, en cas de sinistre, est définie par les art. 1733 et 1734 du C. C., qu'il n'est pas inutile de reproduire :

« ART. 1733. — Il (*le locataire*) répond de
« l'incendie, à moins qu'il ne prouve que l'in-
« cendie est arrivé par cas fortuit ou force
« majeure, ou par vice de construction, ou
« que le feu a été communiqué par une mai-
« son voisine.

« ART. 1734. — S'il y a plusieurs locataires,
« tous sont solidairement responsables de
« l'incendie, à moins qu'ils ne prouvent que
« l'incendie a commencé dans l'habitation de
« l'un d'eux, auquel cas celui-là seul en est
« tenu ; ou que quelques-uns ne prouvent que
« l'incendie n'a pu commencer chez eux, au-
« quel cas ceux-là n'en sont pas tenus. »

Il résulte de ces textes que les locataires
sont, en principe, présumés responsables des
pertes occasionnées par un sinistre à l'immeuble qu'ils occupent, et tenus des dégâts
in solidum, c'est-à-dire chacun pour le tout.

Exemple : une maison est habitée par trois
locataires. Un incendie l'endommage. Il n'y a
pas cas fortuit, force majeure, ni vice de construction. Le propriétaire a le droit de demander à un seul des trois locataires le remboursement de la *totalité* des pertes, et cet occupant
ne peut pas lui opposer le bénéfice de la divi-
sion. L'action intentée contre un des locataires

n'empêche pas, d'ailleurs, le propriétaire de s'adresser aux autres (art. 1203 et 1204 C. C.), s'il n'a pas été intégralement désintéressé par le premier.

En conséquence, l'assureur, après avoir indemnisé le propriétaire et s'être fait subroger aux droits de celui-ci, est fondé à exercer le recours dont les locataires sont passibles.

L'occupation entraîne ainsi des risques spéciaux qui, dans la pratique des assurances, ont reçu les noms de responsabilité locative, recours locatif ou risque locatif. Les locataires sont en effet exposés à perdre dans un incendie, non-seulement la valeur des choses qui leur appartiennent, mais encore, par voie de recours, celle de l'immeuble qu'ils détiennent en totalité ou en partie. L'assurance leur fournit le moyen d'écarter cette éventualité en se chargeant du risque locatif, moyennant le payement d'une prime spéciale.

Voici une première *garantie accessoire*. Elle a pour résultat la *renonciation* de l'assureur au recours en responsabilité qu'il serait fondé à exercer contre les locataires, comme subrogé aux droits du propriétaire de l'immeuble incendié. Cette renonciation peut être stipulée ou par le propriétaire ou par les locataires, suivant la volonté des parties. Dans le premier cas, la garantie accessoire, consentie au propriétaire, couvre tous les occupants. Dans le second, l'assurance d'un des locataires ne profite qu'à lui et non aux autres. Il faut alors, pour que chaque occupant soit complétement à couvert, que le capital de garantie qu'il a affecté à sa responsabilité locative, représente la valeur totale des constructions, quand bien même il n'en détient qu'une partie. Car, ainsi que nous l'avons expliqué, chaque locataire est responsable, vis-à-vis du propriétaire, de la totalité des pertes. L'occupant ne doit pas, en effet, compter sur le recours qu'il est autorisé à exercer contre ses colocataires, attendu que ceux-ci pourraient être insolvables.

Dans notre ordre d'idées, les conséquences de la sous-location ne diffèrent pas sensiblement de celles de la location. Aux termes de l'art. 1717 du Code civil, « le preneur a le « droit de sous-louer et même de céder son « bail à un autre, si cette faculté ne lui a pas « été interdite. » Cette règle comporte une exception qui ressort de l'art. 1763 : « Celui « qui cultive, sous la condition d'un partage « de fruits avec le bailleur, ne peut ni sous-« louer ni céder, si la faculté ne lui en a pas

« été expressément accordée par le bail. »

Qu'il y ait sous-location ou cession de bail, les conventions admises par les parties peuvent, si surtout le propriétaire y est intervenu, modifier la situation. Mais, en général, le sous-locateur ou le cédant n'est pas fondé à décliner les obligations qui résultent de son contrat de bail avec le propriétaire. A l'égard de celui-ci, le sous-locateur ou le cédant ne cesse pas d'être dans la position d'un locataire. Comme tel, il est soumis à la responsabilité locative. Et, quoiqu'il ait un recours contre les sous-locataires ou les cessionnaires, ceux-ci pouvant être insolvables, il doit faire assurer ses risques locatifs.

Quant au sous-locataire et au cessionnaire, ils jouent, envers celui qui leur a sous-loué ou cédé, le rôle d'occupants. C'est dire qu'ils ne sauraient être exonérés des charges de l'occupation qu'en faisant couvrir leur responsabilité par un assureur.

La situation se résume donc ainsi :

1° Recours direct du propriétaire contre le locataire principal, et, par voie détournée, contre les sous-locataires ;

2° Recours du locataire contre le sous-locataire ou le cessionnaire du bail, si cette action n'a pas été éteinte par celle du propriétaire.

Pour combattre les effets de ces responsabilités, il y a une garantie locative correspondant à chaque recours.

Dans une autre théorie, que la jurisprudence semble appuyer, le propriétaire aurait un recours *direct* même contre les sous-locataires, quoiqu'il n'ait pas traité avec eux ; cette action naissant non d'une convention, mais des dispositions de la loi qui font, de la responsabilité de l'incendie, une conséquence de l'occupation.

Il est bien vrai que la présomption de faute est légale. Cependant, il faut reconnaître qu'elle prend toute sa force dans les obligations contractuelles du bail. Or, on ne peut pas dire qu'il y ait nécessairement un bail entre le propriétaire et les sous-locataires. Et si les obligations contractuelles n'existent pas *directement* de l'un aux autres, pourquoi le recours serait-il *direct* ?

DES COLONS.

Le colonat appartient à la catégorie des baux à ferme. Ce qui le caractérise, c'est que le prix de l'occupation, au lieu d'être une somme d'argent, est une portion des fruits de l'exploitation (art. 1763 C. C.).

Le colon, dans la véritable acception de ce mot, doit être responsable de l'incendie au même titre que le serait un locataire. En effet, le colonat n'est autre chose qu'une forme du bail à ferme. Or, les art. 1733 et 1734 sont classés par le Code dans les *règles communes aux baux des maisons et des biens ruraux*. De ce que la nature des prix d'occupation diffère, il ne ressort pas que les rapports du bailleur et du preneur soient absolument bouleversés, et que tout le système des responsabilités soit détruit. Que le loyer soit payable en argent ou en nature, les circonstances de l'occupation restent les mêmes. Pourquoi les conséquences varieraient-elles ? D'ailleurs, — et à défaut d'autre argument, celui-là suffirait : — la présomption de responsabilité est écrite dans le Code contre le preneur d'une maison ou d'un bien *rural*. Qu'on ne dise pas que le colonat affecte plus particulièrement la terre et ses fruits. Pour l'exploitation d'un fonds il y a des bâtiments. S'ils appartiennent au bailleur, ils ont dû être compris dans le colonat. La redevance en nature que sert l'occupant représente non-seulement le loyer des terres, mais encore celui des constructions.

C'est ainsi qu'au point de vue de l'assurance, tout ce que nous avons dit du locataire s'applique au colon. Il est passible, en principe, de la responsabilité locative. A lui de s'en faire exonérer par un assureur.

Dans la pratique, le colonat s'est altéré. Parfois il revêt une forme et engendre des obligations qui varient avec les lieux. Il y a des localités, des régions où le colon est un homme de service qui reçoit pour salaire une mince portion des fruits. Il travaille en quelque sorte sous la surveillance du propriétaire. Ce n'est, en réalité, qu'un domestique à gages, qui est improprement appelé colon. Les obligations qui découlent de cette situation ambiguë ne peuvent être interprétées que « par « ce qui est d'usage dans le pays, » suivant l'art. 1159 du C. C.

En thèse générale, il sera toujours facile de savoir si l'intéressé est un colon soumis ou non à la responsabilité.

Exploite-t-il pour son compte, — la part des fruits qui revient au propriétaire est le prix de l'occupation, et la responsabilité est de droit.

Au contraire, le colon exploite-t-il pour le compte et sous la surveillance du propriétaire, — la portion des fruits attribuée au travailleur est un salaire, et il n'y a pas plus de responsabilité qu'il n'y a d'occupation dans le sens juridique de ce mot.

Le colonat se combine assez souvent avec le *cheptel* (*capitale*, dans le latin barbare : gros et menu bétail), mais il importe de ne pas confondre l'un avec l'autre. Le cheptel repose exclusivement sur des bestiaux ou un troupeau. En général, le bétail qui fait l'objet du cheptel n'est pas aux risques du preneur. Cependant, il y a un cas particulier d'où ressort une responsabilité intéressante à examiner.

Il s'agit du cheptel donné par le propriétaire à son fermier : c'est le cheptel dit *de fer*, et ainsi nommé parce qu'il est *enchaîné* à la ferme. Dans l'espèce, le bail du troupeau n'est qu'un accessoire du bail à ferme. Chose à noter, le bétail est alors réputé *immeuble* par destination (art. 522 C. C.). Il reste la propriété du bailleur, et, de plus, le fermier en est responsable, alors même que la perte a été occasionnée par cas fortuit (art. 1825 C. C.).

La conclusion coule de source. Si l'assureur couvre les immeubles détenus par un fermier avec bail à cheptel de fer, la garantie comprend, outre les bâtiments, le bétail considéré comme immeuble par destination. La Compagnie aurait, en cas de sinistre, le droit de recourir contre le fermier, tant pour les dommages causés aux constructions que pour les pertes de bestiaux spéciales au cheptel.

Dans cette situation, l'occupant qui a souci de ses intérêts doit faire assurer ses risques locatifs pour une somme égale à la valeur des bâtiments, augmentée du prix des bestiaux du cheptel.

RECOURS DES LOCATAIRES CONTRE

LES PROPRIÉTAIRES.

Si, comme on vient de le voir, l'occupant qui paye un loyer en espèces ou en nature est, dans des conditions prévues, responsable de la destruction des choses qu'il détient, le propriétaire est tenu, par contre, de réparer les pertes que les vices ou défauts de la chose louée peuvent occasionner aux objets qui appartiennent au locataire. Cette responsabilité du propriétaire est écrite dans l'art. 1721 du C. C. — En vertu des dispositions de ce texte,

« il est dû garantie au preneur pour tous les
« vices ou défauts de la chose louée, qui en
« empêchent l'usage, quand même le bailleur
« ne les aurait pas connus lors du bail. — *S'il*
« *résulte de ces vices ou défauts quelque perte pour*
« *le preneur, le bailleur est tenu de l'indemniser.* »

La responsabilité du propriétaire repose sur
ce principe, qu'il est obligé de procurer au
preneur la jouissance de la chose louée (article 1719 C. C.). Or, il faut admettre que, si
les vices ou défauts de la chose sont de nature
à en entraver la jouissance, le bailleur n'a pas
rempli ses engagements. Cependant, des auteurs ont voulu faire une exception pour le
vice *apparent*. Par une assimilation de la vente
au louage, ils ont prétendu que le locataire
qui a connu le vice apparent au moment du
bail, a tacitement avoué qu'il acceptait la
chose, quoiqu'elle fût défectueuse, en sorte
que la responsabilité du propriétaire serait
dégagée.

Il est vrai qu'aux termes de l'art. 1642,
« le vendeur n'est pas tenu des vices appa-
« rents et dont l'acheteur a pu se convaincre
« lui-même. » Mais la vente et le louage n'ont
pas des caractères tellement identiques qu'on
soit autorisé à raisonner par analogie de l'une

à l'autre. Bien plus, l'art. 1721 porte la condamnation de cette doctrine. Il prévoit que le bailleur a connu les vices de la chose, ce qui implique qu'ils ont pu être *apparents*, et que le preneur aurait été à même de les voir. Néanmoins, la loi ne fait pas de réserve à cet égard en faveur du bailleur. C'est dire que sa responsabilité reste entière. Donc, il est dû garantie au locataire, quoiqu'il ait connu, au moment du bail, les vices ou défauts de la chose dont le propriétaire doit lui procurer la jouissance.

Ainsi, lorsqu'un sinistre est causé par un défaut de la chose, par exemple un vice de construction, non-seulement les locataires sont exonérés de toute responsabilité, mais encore ils sont fondés à se faire indemniser, par le propriétaire, des dommages occasionnés aux objets qui leur appartiennent. D'où cette conclusion, que l'assureur des locataires est en droit de leur demander la subrogation et d'exercer en leur lieu et place une action en garantie contre le bailleur ou, en d'autres termes, le propriétaire.

La situation se résume à ceci : Le propriétaire peut craindre de perdre dans un sinistre, outre sa chose, la valeur des objets que pos-

sèdent ses locataires. C'est pour le préserver
de l'action des occupants que l'assureur a institué la garantie accessoire du « recours des
« locataires contre le propriétaire. » Celui-ci
a donc un moyen d'éviter les effets de la responsabilité édictée par l'art. 1721, c'est de
s'en faire relever par l'assureur. Moyennant
une prime qui est toujours faible, le propriétaire peut mettre à la charge de son garant les
dommages que les vices ou défauts de la chose
louée occasionneraient aux occupants.

DES USUFRUITIERS ET DES USAGERS.

« L'usufruit est le droit de jouir des choses
« dont un autre a la propriété, comme le pro-
« priétaire lui-même, mais à la charge d'en
« conserver la substance. » (Art. 578 C. C.)

L'usage, qui prend le nom de droit d'habitation lorsqu'il est établi sur une maison, n'est
autre chose que l'usufruit limité aux besoins
de l'usager et de sa famille.

L'usufruitier et l'usager ont à veiller à la
conservation des biens dont ils ont la jouissance, comme le ferait un administrateur sage

et vigilant (art. 601 et 627). En outre, ils sont tenus des réparations d'entretien (art. 605 et 635).

Si l'on ajoute que l'usufruitier est dispensé de rebâtir ce qui a été détruit par cas fortuit (art. 607), les responsabilités se dégagent d'elles-mêmes.

Au cas de sinistre, l'usufruitier et l'usager devront indemniser le propriétaire, lorsque l'incendie aura été causé par leur *faute* ou par un *défaut d'entretien*.

Dans ces éventualités, l'assureur du propriétaire serait fondé à se faire subroger contre l'usufruitier et l'usager, et à les actionner en remboursement de l'indemnité payée à l'assuré. En supposant même que leur responsabilité ne ressortît pas de l'esprit des dispositions qui précèdent, ils tomberaient encore sous l'application du principe général en vertu duquel l'auteur d'un délit ou d'un quasi-délit est tenu de la réparation (art. 1382 C. C.).

Tel est le droit strict. Il est peut-être un peu rigoureux. L'assureur l'a amendé. Il a considéré que, le propriétaire et l'usufruitier étant non moins l'un que l'autre intéressés à la conservation de la chose, il devait comprendre leurs droits respectifs dans une seule et même garantie. Si, par exemple, l'assurance est souscrite par le propriétaire, il sera convenu qu'elle profitera non-seulement à la partie, mais encore à l'usufruitier intervenant *ou non*. Réciproquement, au cas où l'usufruitier se mettra seul en rapport avec l'assureur, le propriétaire bénéficiera encore de la garantie.

Dans ces conditions, il est clair que, de sa propre volonté, l'assureur atténue sensiblement les responsabilités de l'usufruitier et de l'usager. Car, en les couvrant de sa garantie, il laisse leurs droits confondus avec ceux de la propriété, en sorte qu'il ne pourra recourir contre les usufruitiers et les usagers que lorsqu'il serait fondé à actionner le propriétaire lui-même. Envisagée ainsi, la responsabilité des usufruitiers et des usagers ne commence plus qu'à la *faute lourde assimilable au dol.*

DES OCCUPANTS A TITRE GRATUIT.

Il n'y a pas d'assimilation possible entre un locataire, un usufruitier ou un usager et un occupant à titre gratuit. La location, l'usufruit et l'usage enlèvent au propriétaire la surveillance directe de sa chose. C'est alors qu'il a plus spécialement droit à la protection de la loi. Mais, s'il permet une occupation gratuite, il conserve nécessairement la faculté de veiller à la garde de son bien, sinon d'en reprendre possession quand et comme il lui plaît. S'il renonce à percevoir une redevance, c'est qu'il considère le bénéficiaire comme un simple délégué. Celui-ci détient donc la chose pour le compte du propriétaire; et, vouloir susciter un recours d'occupation gratuite, ce serait admettre que le propriétaire peut s'actionner soi-même.

Après avoir apprécié sainement cette situation, l'assureur a reconnu d'une manière générale que l'occupation ne devait pas comporter les recours lorsqu'elle est gratuite. C'est ainsi qu'il consent à affranchir gratuitement des responsabilités ordinaires de l'occupation :

1° Les fonctionnaires et employés d'un établissement public ou religieux, aux frais duquel ils sont logés;

2° Les membres d'une société de commerce qui détient, *sans avoir à en payer le loyer*, des choses dont le propriétaire figure en nom dans l'acte de l'association.

Il y a un autre cas où l'assureur peut consentir à renoncer gratuitement au recours locatif, quand bien même l'occupant paye un loyer. C'est lorsque cet occupant est un héritier direct ou un gendre du propriétaire de la chose garantie. L'assureur estime avec raison que, dans l'espèce, l'occupant est intéressé d'une façon tellement immédiate à la conservation des objets, qu'on peut le mettre d'ores et déjà au rang du propriétaire. Mais comme en résumé c'est une faveur que le garant accorde aux héritiers directs et aux gendres, il exige d'eux qu'ils lui fassent assurer leurs propres risques. C'est seulement à cette condition qu'il renoncera à l'exercice du recours locatif à leur profit. Rien n'est plus équitable, puisque la loi ne fait aucune exception à la règle des responsabilités locatives, et que les héritiers directs et les gendres y seraient certainement soumis.

L'occupation gratuite peut offrir parfois certaines particularités dont l'assureur aurait intérêt à se préoccuper en cas de sinistre. Il s'agit du *commodat*, prêt à usage et essentiellement *gratuit*, par lequel l'une des parties livre une chose à l'autre pour s'en servir, à la charge par le preneur de la rendre après s'en être servi (art. 1875 et 1876 C. C.).

En pareille matière, l'emprunteur encourt des responsabilités dans diverses conditions prévues par le Code. Les articles que nous allons reproduire peuvent se passer d'explications.

« ART. 1881. — Si l'emprunteur emploie la « chose à un autre usage, ou pour un temps « plus long qu'il ne le devait, il sera tenu de « la perte arrivée, *même par cas fortuit.*

« ART. 1882. — Si la chose prêtée périt par « cas fortuit dont l'emprunteur aurait pu la « garantir en employant la sienne propre, ou « si, ne pouvant conserver que l'une des deux, « il a préféré la sienne, il est tenu de la « perte de l'autre.

« ART. 1883. — Si la chose a été esti-« mée en la prêtant, la perte qui arrive, « même par cas fortuit, est pour l'emprun-« teur, s'il n'y a convention contraire. »

Dans ces éventualités, l'assureur du propriétaire de la chose prêtée pourrait sans aucun doute exercer les droits qui lui compètent contre l'emprunteur. C'est affaire de subrogation.

A l'inverse, le garant de l'emprunteur sera fondé à exercer un recours contre le prêteur, lorsque la chose prêtée a des défauts tels qu'elle puisse causer du préjudice à celui qui s'en sert. Mais, pour que cette responsabilité soit admissible, il faut que le prêteur ait connu les défauts et qu'il n'en ait pas averti l'emprunteur (art. 1891 C. C.).

§ 3.

L'immeuble est occupé par le ou les propriétaires et une ou plusieurs autres personnes.

Les explications qui viennent d'être données suffisent à établir que cette nouvelle situation met en présence des responsabilités de deux sortes : celle du propriétaire et celle des occupants qui payent un loyer en espèces ou en nature. Les usufruitiers et les usagers, les occupants à titre gratuit sont hors de cause ; ceux-ci, parce qu'ils représentent simplement la personne du propriétaire ; les premiers, parce qu'en matière d'assurance leurs droits restent confondus avec ceux de la propriété.

Il convient également d'écarter le cas où

le sinistre est causé par un vice de construction, ce fait mettant la responsabilité à la
charge du propriétaire.

Comme la loi est muette sur les conséquences
de la cooccupation du propriétaire et des locataires, c'est sur les principes généraux du droit
qu'il faut s'appuyer pour établir les limites et
la mesure des responsabilités.

Or, les locataires sont soumis aux présomptions de faute que l'on connaît (art. 1733 et
1734), par la raison qu'en vertu des conventions propres au bail ils sont obligés à la garde
et à la restitution de la chose. Mais, lorsque le
propriétaire en détient une partie, d'un côté,
il peut exercer directement la surveillance
qui lui échappe si les occupants jouissent du
tout; et, d'un autre côté, il serait abusif de
prétendre que les locataires *partiels* sont tenus
de plano de la restitution *totale*. Les motifs sur
lesquels reposent les présomptions de faute
sont donc détruits quand le propriétaire est
en cooccupation avec ses locataires. Partant
de là, on devrait aller jusqu'à dire que les
art. 1733 et 1734 ne sont nullement applicables à ce cas et que l'on rentre dans le droit
commun. Le propriétaire aurait, en d'autres
termes, à prouver le fait qu'il invoquerait

comme donnant naissance à la responsabilité des locataires.

La jurisprudence paraît reculer devant cette conclusion qui n'a pourtant rien d'excessif. Elle préfère admettre un système mixte.

La preuve initiale sera à la charge du propriétaire. Il devra établir tout d'abord que l'incendie ne s'est pas déclaré ou n'a pas débuté dans la partie de l'immeuble dont il s'est réservé l'occupation. Lorsqu'il aura fait cette preuve, la responsabilité des locataires sera présumée.

Il est désirable que cette jurisprudence ne se maintienne pas. Elle fait trop bon marché des règles posées par le Code en matière de responsabilités. Juridiquement, le propriétaire qui est en cooccupation avec ses locataires devrait être tenu, non d'établir que le feu n'a pas pris dans son habitation, mais de démontrer que l'incendie a été causé par la faute des locataires.

Dans l'état, les occupants à titre onéreux ne peuvent se considérer comme étant à l'abri de la responsabilité locative, quoique le propriétaire ait son habitation dans l'immeuble. Ils doivent, même dans ce cas, faire assurer leurs risques locatifs, sous peine de subir le recours de l'assureur, par voie de subrogation.

§ 4.

L'immeuble est en contiguïté ou à proximité d'un autre immeuble.

RECOURS DES VOISINS.

Aux termes des conditions générales de la police, l'assureur garantit, quand la stipulation en est faite, « le recours des voisins, c'est- « à-dire les suites de toute action que les voi- « sins pourraient exercer contre l'assuré, « pour communication d'incendie, en vertu « des art. 1382, 1383, 1384 et 1386 du Code « civil. »

Ce cas est à considérer lorsque le feu se propage d'un immeuble à un autre, soit que le sinistre ait été causé par des faits imputables aux propriétaires ou aux personnes dont ils doivent répondre, soit qu'il ait été occasionné par un défaut d'entretien ou un vice de construction des bâtiments où l'incendie s'est allumé.

Dans la première hypothèse, les responsabilités résultent des art. 1382, 1383 et 1384. Dans la seconde, elles naissent de l'art. 1386. Dans l'une et l'autre, elles sont créées par ce que la loi appelle des délits et des quasi-délits.

Le délit est l'acte illicite d'une personne qui, agissant avec discernement, *in committendo* ou *in omittendo*, par action ou omission d'action, cause *volontairement* du dommage à autrui ; c'est une faute commise avec intention.

Le quasi-délit est l'acte illicite provenant d'une négligence ou d'une imprudence ; c'est la faute, moins l'intention de causer du dommage.

Le défaut d'entretien et le vice de construction peuvent être classés, suivant les circonstances, dans la catégorie des délits ou des quasi-délits.

Ces définitions sont contenues implicitement dans les dispositions ci-après, qui créent, en outre, les responsabilités dont l'assureur pourra se prévaloir :

« Art. 1382. — Tout fait quelconque de
« l'homme, qui cause à autrui un dommage,
« oblige celui par la faute duquel il est arrivé,
« à le réparer.

« Art. 1383. — Chacun est responsable du
« dommage qu'il a causé, non-seulement par
« son fait, mais encore par sa négligence ou
« par son imprudence.

« Art. 1386. — Le propriétaire d'un bâti-
« ment est responsable du dommage causé par
« sa ruine, lorsqu'elle est arrivée par une
« suite du défaut d'entretien ou par le vice
« de sa construction. »

Ainsi :

Un négociant a dans ses caves des essences
minérales. Les règlements de police prescrivent les précautions à prendre pour la manipulation de ces produits. Le négociant n'en
tient pas compte. Il opère le soir, à la lumière
libre d'une bougie, le transvasement de ses
essences. Elles prennent feu. L'incendie se
développe et atteint une maison voisine. Dans
ces conditions, le sinistre a été provoqué par
un quasi-délit du négociant.

Ou encore :

Le feu prend dans une maison par la com-
bustion d'une poutre passant sous le foyer
d'une cheminée. Un immeuble contigu est
endommagé. L'incendie est dû à un vice de
construction.

Le négociant et le propriétaire du bâtiment où le sinistre s'est déclaré sont responsables vis-à-vis du voisin ainsi que de son
assureur, celui-ci en tant que subrogé.

Cette responsabilité n'atteint pas seulement
l'auteur du délit ou du quasi-délit. Elle entraîne également l'obligation de réparer les
dommages lorsqu'ils ont été causés par les
personnes qu'il doit surveiller et dont il répond. C'est ce qui ressort en termes formels
de l'art. 1384.

« On est responsable non-seulement du dom-
« mage que l'on cause par son propre fait,
« mais encore de celui qui est causé par le fait
« des personnes dont on doit répondre, ou
« des choses que l'on a sous sa garde. — Le
« père et la mère, après le décès du mari,
« sont responsables du dommage causé par
« leurs enfants mineurs habitant avec eux;
« — les maîtres et les commettants, du dom-
« mage causé par leurs domestiques et pré-
« posés dans les fonctions auxquelles ils les
« ont employés; — les instituteurs et les arti-
« sans, du dommage causé par leurs élèves et
« apprentis pendant le temps qu'ils sont sous
« leur surveillance. — La responsabilité ci-

« dessus a lieu, à moins que les père et mère,
« instituteurs et artisans ne prouvent qu'ils
« n'ont pu empêcher le fait qui donne lieu à
« cette responsabilité. »

Mais, en matière de délits et de quasi-délits,
il y a une considération essentielle à dégager.
Il s'agit de la preuve. Et c'est surtout de ce
côté que le recours des voisins se distingue du
recours locatif.

Les locataires sont présumés responsables,
ce qui implique, comme on l'a vu, que la
preuve libératrice est à leur charge. Les voisins, au contraire, restent dans le droit commun ; c'est au demandeur à prouver la faute
qu'il invoque contre autrui.

Le quasi-délit d'incendie ne donne lieu qu'à
des réparations civiles. Il n'en est pas ainsi du
délit. Il est toujours soumis à une action criminelle, car il est puni par la loi pénale (articles 434 et suivants du Code pénal). Il en
résulte qu'en pareil cas, le recours en remboursement des pertes peut être porté au tribunal criminel déjà saisi de l'action publique
ou devant la juridiction civile, au choix
des parties lésées. Si les deux actions sont
intentées devant deux tribunaux différents,

les juges au civil ne peuvent rendre leur sentence que lorsque le tribunal criminel a statué (art. 3, C. inst. crim.).

La situation des voisins nous conduit à examiner celle des colocataires, les uns envers les autres. Ici, il ne peut plus être question de la responsabilité d'occupation établie au profit des propriétaires, et qui découle des obligations contractuelles du bail. D'ailleurs, les présomptions de faute sont limitatives, c'est-à-dire qu'elles ne sauraient s'étendre, par analogie, des droits du propriétaire à ceux des colocataires. Ceux-ci restent soumis, dans leurs rapports réciproques, aux règles communes. Le locataire, qui poursuit contre son colocataire la réparation d'un dommage, est tenu de prouver que la perte a été causée par la faute du défendeur. L'action des locataires à locataires est, à cet égard, un véritable recours de voisinage. Les mêmes principes et les mêmes conséquences sont applicables.

En résumé :

L'assurance contre l'incendie d'un bâtiment occupé par des locataires, et situé à proximité d'autres constructions, n'est complète que si elle comprend, outre l'immeuble, le recours des locataires contre le propriétaire et le recours des voisins, le tout pour des capitaux suffisants.

De même :

La garantie des risques d'un locataire n'est entière, que si elle embrasse non-seulement les mobiliers et tous les objets lui appartenant dans l'immeuble, mais encore la responsabilité locative et le recours des voisins.

Il est un cas particulier qui mérite une attention spéciale : de bons esprits, versés dans la pratique des assurances, paraissent d'accord pour établir une *responsabilité locative* où il conviendrait peut-être de ne voir qu'un *recours de voisinage*.

Au premier aspect, la question ne semble pas très-compliquée.

Le *propriétaire* d'un immeuble A est *locataire* d'une maison B contiguë au précédent ou rapprochée. Le feu prend dans A et se communique à B. Le propriétaire de A est-il, en tant qu'occupant B, tenu d'un *recours locatif* au profit du propriétaire de ce dernier immeuble, quoique l'incendie n'y ait pas débuté?

Examinons.

La responsabilité du locataire repose sur une *présomption*. Or, *en fait*, s'il est présumable que l'incendie qui se déclare dans une maison *louée* a été causé par l'occupant, il est infiniment moins à présumer que le feu, partant d'un bâtiment voisin, a été occasionné par le propriétaire qui a un si grand intérêt à la conservation de son immeuble. Dans ce cas, la raison déterminante de la présomption n'existe pas, et on ne voit guère comment elle pourrait résulter nécessairement du fait de tenir en location une maison où, en résumé, on ne saurait prétendre que le feu s'est déclaré.

En droit, la présomption établie dans l'article 1733 est *légale;* et il est un principe universellement admis, qui veut que les présomptions résultant de la loi soient de droit *étroit*. Ainsi, elles n'ont de force que dans l'espèce *prévue*. Il est impossible de les appliquer à des cas autres que ceux qui ont été spécifiés par la loi d'où elles sont nées. Eh bien! l'art. 1733 est formel. « Le locataire « répond de l'incendie, à moins qu'il ne « prouve... *que le feu a été communiqué par une* « *maison voisine.* »

De ce qu'un propriétaire est locataire d'un immeuble contigu au sien, il ne s'ensuit pas que sa maison cesse d'avoir les caractères d'une propriété différente de l'autre. C'est une maison voisine; et, d'ailleurs, il est interdit d'interpréter les dispositions de l'art. 1733, de donner la moindre extension à la présomption qu'il pose, ou même de l'appliquer simplement par analogie.

Voilà pourquoi, tout en sachant que cet avis est peu partagé, nous disons que le propriétaire de A, bâtiment où le feu a débuté, étant locataire de B, où l'incendie s'est propagé, ne devrait être tenu, vis-à-vis du propriétaire de ce dernier immeuble, que d'un *recours de voisinage*.

DES RESPONSABILITÉS

QUI S'APPLIQUENT A CERTAINS MEUBLES, EN RAISON DE LEUR SITUATION.

Tout ce que nous avons dit des responsabilités qui naissent de l'occupation des immeubles s'impose également à la jouissance des meubles. Mais, en outre, les mobiliers peuvent se trouver dans diverses situations auxquelles échappent les immeubles et qui donnent lieu, dans certains cas, à des responsabilités d'une nature spéciale. Telles sont celles qui ont leur origine dans les *transports par terre ou par eau* et le *dépôt*.

§ 1er. — Transports.

La convention, d'où naît l'obligation du transport, est une forme du contrat de louage. La loi la désigne sous l'expression [de louage d'ouvrage et d'industrie (art. 1779 C. C.). L'une des parties s'engage à faire parvenir, d'un lieu à un autre, des objets appartenant à l'autre partie qui, par contre, s'oblige à payer le prix du transport. La première porte le nom générique de *voiturier*, qu'il s'agisse de rouliers, bateliers, commissionnaires pour les transports, ou entrepreneurs de voitures ou de bateaux. La seconde s'appelle *voyageur* ou *expéditeur*. Au cas où les objets déplacés doivent être reçus à l'arrivée par une tierce personne, celle-ci se nomme *consignataire* ou *destinataire*.

Du moment où les objets ont été livrés au voiturier ou à son préposé, jusqu'à l'instant où ils ont été repris par le voyageur ou acceptés par le destinataire, ils sont aux risques de l'entrepreneur de transports. Sa responsabilité est nettement définie par les articles ci-après du C. C. et du C. de C. :

« Art. 1783 C. C. — Ils (*les voituriers*) répondent non-seulement de ce qu'ils ont déjà « reçu dans leur bâtiment ou voiture, mais « encore de ce qui leur a été remis sur le port « ou dans l'entrepôt pour être placé dans leur « bâtiment ou voiture.

« Art. 1784. — Ils sont responsables de la

« perte et des avaries des choses qui leur sont
« confiées, à moins qu'ils ne prouvent qu'elles
« ont été perdues et avariées par cas fortuit
« ou force majeure.

« ART. 98 C. de C. — Il (*le voiturier*) est ga-
« rant des avaries ou pertes de marchandises
« et effets, s'il n'y a stipulation contraire
« dans la lettre de voiture, ou force majeure.

« ART. 99. — Il est garant des faits du
« commissionnaire intermédiaire auquel il
« adresse les marchandises.

« ART. 100. — La marchandise sortie du
« magasin du vendeur ou de l'expéditeur,
« voyage, s'il n'y a convention contraire, aux
« risques et périls de celui à qui elle appar-
« tient, sauf son recours contre le commis-
« sionnaire et le voiturier chargés du trans-
« port.

« ART. 103. — Le voiturier est garant de la
« perte des objets à transporter, hors les cas
« de force majeure. — Il est garant des ava-
« ries autres que celles qui proviennent
« du vice propre de la chose ou de la force
« majeure. »

Ce n'est pas tout. L'art. 1782 C. C. dispose
que les voituriers « sont assujettis pour la
« garde et la conservation des choses qui

« leur sont confiées, aux mêmes obligations
« que les aubergistes. »

Il en résulte que les entrepreneurs de
transports sont responsables du dommage,
alors même qu'il a été causé par leurs domestiques et préposés, ou encore par des étrangers (art. 1953 C. C.).

Quant à la preuve, les textes sont formels.
Elle est à la charge des voituriers. A eux il incombe de démontrer le cas fortuit, la force
majeure ou le vice de la chose, pour être exonérés de la responsabilité. De même que les
locataires, ils sont soumis à une présomption
de faute ; et l'assureur des objets sinistrés en
route pourra, en vertu de la subrogation,
exercer l'action en remboursement.

Mais, au cas où les voituriers ont fait garantir directement, pour le 'compte de qui il
appartiendra, les mobiliers confiés à leurs
soins, qu'arrivera-t-il ? La faute n'étant présumée qu'au regard du propriétaire, le garant
de l'entrepreneur de transports ne peut s'en
prévaloir, attendu qu'il n'est aux droits du
propriétaire qu'autant qu'il a traité avec lui.
D'où il suit que l'assureur reste dans la loi
commune vis-à-vis des voituriers garantis. Il
ne doit arguer contre eux, des faits qui ont

causé la perte, que s'il est en mesure de prouver qu'ils constituent tout au moins une faute lourde assimilable au dol.

§ 2. — Dépôt.

Le dépôt proprement dit est un contrat essentiellement gratuit, par lequel on reçoit la chose d'autrui, à la charge de la garder, c'est-à-dire de la surveiller, et de la restituer en nature (art. 1917 et 1915 C. C.).

On pressent que les responsabilités qui découlent d'une obligation gratuite doivent être modérées. La position du déposant est celle d'une personne qui reçoit un service. Pour la conservation de la chose, on ne peut exiger du dépositaire que les soins qu'il donne habituellement aux siennes. C'est ainsi que l'art. 1927 C. C. dit en termes assez élastiques :

« Le dépositaire doit apporter, dans la
« garde de la chose déposée, les mêmes soins
« qu'il apporte dans la garde des choses qui
« lui appartiennent. »

Si donc il est inexpérimenté ou insuffisant dans la gestion de ses propres affaires, le

déposant doit prévoir qu'il ne peut pas atten-
dre de lui les soins d'un bon père de famille.

C'est dire qu'en cette matière les responsabilités reposent principalement sur des questions de fait et d'appréciation qu'il est impossible de résoudre en une règle absolue. D'une
manière générale, le dépositaire est tenu de
se comporter à l'égard de la chose déposée,
comme il le ferait vis-à-vis de la sienne, lorsque les dangers de destruction sont égaux
pour l'une et pour l'autre. Quand les objets du
déposant sont les plus précieux, ce sont ceux-
là que le dépositaire doit sauver, s'il le peut,
de préférence aux siens. Mais, dans ce cas,
il est fondé à se faire indemniser de la perte
de sa chose par le déposant, attendu que celui-ci est tenu des sacrifices qui ont eu pour
objet la conservation du dépôt (art. 1947).

Si, au contraire, le dépositaire a laissé
périr les choses confiées à sa garde quoiqu'elles fussent les plus précieuses, il doit
seulement la différence entre leur valeur et
le prix de ses propres objets qu'il a sauvés.
Le déposant ne peut demander rien de plus,
puisque si c'était sa chose qui eût été préservée, il aurait dû rembourser au dépositaire la

valeur de celle qui, lui appartenant, aurait été sacrifiée.

Telles sont les données sur lesquelles l'assureur du dépositaire ou du déposant peut s'appuyer pour résoudre la question de savoir s'il est autorisé à exercer un recours, soit contre l'un, soit contre l'autre, comme subrogé aux droits de celui-ci ou de celui-là.

Il faut ajouter que « le dépositaire n'est « tenu, en aucun cas, des accidents de force « majeure, à moins qu'il n'ait été mis en « demeure de restituer la chose déposée. » (Art. 1929.)

De même, « le dépositaire n'est tenu de « rendre la chose déposée que dans l'état où « elle se trouve au moment de la restitution. « Les détériorations qui ne sont pas surve- « nues par son fait, sont à la charge du dépo- « sant. » (Art. 1933.)

Enfin, il est admis que les dispositions fondamentales de l'art. 1927, touchant la garde du dépôt et par conséquent la responsabilité du dépositaire, doivent être appliquées avec plus de rigueur : 1° « si le dépositaire s'est « offert lui-même pour recevoir le dépôt ; « 2° s'il a stipulé un salaire pour la garde du « dépôt ; 3° si le dépôt a été fait *uniquement*

« pour l'intérêt du dépositaire ; 4° s'il a été
« convenu expressément que le dépositaire
« répondrait de toute espèce de faute. » (Article 1928.)

Quelques-unes des hypothèses prévues par
ce dernier article ne sont pas à leur place.

En effet, un dépôt qui a été fait *uniquement*
dans l'intérêt du dépositaire n'est pas autre
chose qu'un *prêt à usage* ; et, s'il a été stipulé
un salaire, il est présumable qu'il s'agit plutôt d'un louage d'industrie que d'un dépôt. Il
convient alors d'appliquer les principes exposés comme propres à chacun de ces cas, sauf
à en mitiger l'exercice d'après les conventions intervenues entre les parties.

Ainsi :

Les marchandises qui sont mises en dépôt
chez des ouvriers pour être ouvrées, les matières premières qui sont confiées à des fabricants pour la confection, doivent être soumises aux règles du louage d'industrie et non
du dépôt, à moins qu'il n'y ait convention
contraire. En principe, l'assureur du propriétaire des marchandises ou des matières premières est aux droits de son cocontractant,
pour exercer un recours contre les ouvriers ou
les fabricants, dans la mesure et suivant les

formes qui s'imposent à la responsabilité des voituriers.

Il y a un autre genre de dépôt. La loi, pour le distinguer du dépôt dit *volontaire* dont nous venons de parler, le qualifie de « *nécessaire.* »

L'apport des effets d'un voyageur dans une hôtellerie où il descend, est un dépôt nécessaire de par l'art. 1952 C. C.

« Les aubergistes ou hôteliers sont respon-
« sables, comme dépositaires, des effets ap-
« portés par le voyageur qui loge chez eux ;
« le dépôt de ces sortes d'effets doit être re-
« gardé comme un dépôt nécessaire. »

Les voyageurs ne connaissent que par oui-dire la moralité de l'hôtelier ou aubergiste qui les loge. Ils n'ont aucun moyen de faire une enquête sérieuse sur le personnel de la maison où ils descendent ; c'est pourquoi la loi veut protéger les voyageurs. Elle s'est inspirée de leur position subjective pour donner une certaine extension à la garantie des aubergistes ou hôteliers. « Ils sont res-
« ponsables..... du dommage des effets du
« voyageur....., que le dommage ait été causé
« par les domestiques et préposés de l'hôtel-
« lerie, ou par des étrangers allant et venant
« dans l'hôtellerie. » (Art. 1953.)

La différence importante à signaler au point de vue de l'assurance entre le dépôt *volontaire* et le dépôt *nécessaire*, concerne la preuve.

Le dépôt *volontaire* ne peut être prouvé que par écrit, lorsque la valeur en litige excède 150 francs (art. 1923). La preuve du dépôt *nécessaire* peut être faite, notamment en ce qui concerne l'apport des effets du voyageur, par témoins, « suivant la qualité des personnes « et les circonstances du fait », quelle que soit la valeur des objets réclamés (art. 1348 — 2° et 1950 C. C.).

L'assureur peut avoir à invoquer ces articles de loi quand il garantit des marchandises en route pour la vente, ces marchandises devant séjourner dans des auberges ou hôtelleries.

TABLE DES MATIÈRES.

SECTION II.

OBLIGATIONS DE L'ASSURÉ.

SECTION III.

POSITIONS RESPECTIVES DE L'ASSUREUR ET DE L'ASSURÉ, EN CAS DE SINISTRE.

FIN DE LA TABLE DES MATIÈRES.

Imprimerie D. BARDIN, à Saint-Germain

IMPRIMERIE D. BARDIN, A SAINT-GERMAIN.